PATRIOTISMO O BARBARIE

Nacional-Revolucionarios del siglo XXI

J. Carlos da Costa

2016

ATENCIÓN:

Antes de leer la siguiente obra titulada: *"Patriotismo o Barbarie: Nacional-Revolucionarios del siglo XXI"*, le conviene saber que:

- El autor y los editores del mismo condenan cualquier actuación negativa en la cual se utilice el nombre de esta obra.

- El autor y los editores del mismo condenan cualquier tipo de agresión o discriminación hacia algún colectivo por cuestiones de: raza, sexo, ideología o credo.

- El autor y los editores del mismo afirman que defender a su raza, no significa odiar o discriminar a las demás.

- El autor y los editores del mismo afirman no creer en la superioridad racial de manera colectiva. Cada pueblo tiene sus virtudes y sus defectos.

- El autor y los editores del mismo condenan las persecuciones que se han sucedido en el pasado y que han sido motivadas por cuestiones: raciales, ideológicas o religiosas.

- El autor y los editores del mismo defienden la libertad religiosa.

- El autor y los editores del mismo defienden que cada pueblo tiene derecho a decidir su futuro.

- El autor y los editores del mismo creen en un verdadero estado democrático, que de voz a las minorías políticas con una representación justa, basada en cada voto y no en cuotas.

- El autor y los editores del mismo defienden la libertad de expresión y de conciencia.

- El autor y los editores del mismo condenan la represión civil, militar, judicial y social por cuestiones ideológicas, étnicas o religiosas.

- El autor y los editores del mismo se amparan en la Constitución española (art 16.1, 16.2 y 20.1.A) y en la Constitución Europea (art. 2.71. TITULO 2) para ejercer su derecho a expresarse libremente.

Sin miedo a la represión,

alzando la voz contra la censura.

Con este libro rindo honores a la Patria

y a todos los que lucharon por ella.

Autor: J. Carlos da Costa

Título: Patriotismo o Barbarie (*Nacional-Revolucionarios del siglo XXI*)

ISBN-13: 978-1539328902

ISBN-10: 1539328902

Número de Justificante del Asiento Registral de la Propiedad

intelectual: 9900360021930

Solicitud nº: LE-226-2016

Editado: 2016

CONSTITUCIÓN ESPAÑOLA

Título I "De los derechos y deberes fundamentales"

Capítulo 2 "de los derechos y libertades"

Art. 16.1 Se garantiza la libertad ideológica, religiosa y de culto de los individuos y las comunidades sin más limitación, en sus manifestaciones, que la necesaria para el mantenimiento del orden público protegido por la ley.

Art. 16.2 Nadie podrá ser obligado a declarar sobre su ideología, religión o creencias.

Art. 20.1.a Se reconoce y protegen los derechos: A expresar y difundir libremente los pensamientos, ideas y opiniones mediante la palabra, el escrito o cualquier otro medio de reproducción.

CONSTITUCIÓN EUROPEA

Art. 2.71. Título II sobre libertades.

1. Toda persona tiene derecho a la libertad de expresión. Este derecho comprende la libertad de opinión y la libertad de recibir o comunicar informaciones o ideas sin que pueda haber injerencias de autoridades públicas y sin consideración de fronteras.

2. Se respetan la libertad de los medios de comunicación y su pluralismo.

PATRIOTISMO O BARBARIE

Prólogo:

Admitámoslo, el patriotismo no está de moda en las esferas adultas y goza aún de mucha menos simpatía, entre los millones de jóvenes borregos alienados por el sistema. Pero, ¿qué significa a día de hoy ser patriota? Pensadlo bien por unos instantes, no es una pregunta tan fácil de responder. Si nos atenemos a su mero significado gramatical veremos que patriota es: *una persona que tiene amor a su patria y por ello procura su bien.* Incluso dicho término se le adjudica a los individuos que velan por el bienestar de sus conciudadanos. Suena todo muy idílico, ¿verdad? Pena que la sórdida realidad que impera en el decadente y amanerado Occidente, haya rebajado la denominación de patriota a unos límites de oprobio inimaginables.

Casi nadie sabe realmente que se oculta detrás de la definición de patriota, ni tampoco quieren tener nada que ver con dicho vocablo. En la gran mayoría de los casos, parecen preferir que los tilden de algo totalmente opuesto: de apátridas, antes de aparecer ante el populacho como unos defensores de la tierra que los vio nacer. Los patriotas somos una especie en extinción, una rara avis, seres cuasi mitológicos de los que solo se conoce de su existencia por antiguos y polvorientos legajos, que son despreciados por el hombre moderno. De ahí la importancia de preservar, defender y avivar la diminuta y casi extinta llama nacionalista que, se supone, anida en los escasos corazones europeos que todavía no han caído cautivos de la desinformación.

En este libro no aparecerán absurdas arengas carentes de forma y contenido, las cuales lo único que logran es encasillar aún más a nuestro dividido y solitario pensamiento. Tampoco leeréis caducos cantos castrenses evocando a la gesta patria, llevada a cabo en 1936 por parte del bando Nacional durante la contienda civil española. No está mal echar la vista atrás, de vez en cuando, para vanagloriarse de los logros conseguidos por gente que ya murió hace casi un siglo y de la cual por no saber, no sabemos ni el nombre. Vivir alimentándonos constantemente del espiritismo patriota tampoco beneficia en nada a nuestra causa, a no ser que queramos ir por la calle con la bandera de España en una mano y la ouija en la otra, a la espera de toparnos en vano con el espíritu de Franco, Hitler o Mussolini.

Pese a que mi mordaz prosa pueda herir los sentimientos de quienes se hayan dado por aludidos, esto no resta ni un ápice de sana verdad a mis palabras. La cruda sinceridad que destila esta introducción duele, pero debéis saber que más duele aún, la sangrienta realidad que tiñe de rojo las calles de media Europa, ya sea en París, Niza, Londres o Madrid. Europa y el mundo Occidental andan faltos de mujeres y hombres curtidos, que sepan estar a las duras y a las maduras sin echarse a llorar, para encarar con la barbilla bien alta los envites que el destino nos tiene preparados.

La vida no siempre es de color de rosa y en nuestra lucha son demasiados los sinsabores que hacen que los más blandos y mediocres, la abandonen a la primera de cambio. Esta criba es más que necesaria si queremos librarnos del lastre, que retrasa la llegada de la revolución nacional. Así que ya sabéis, aquellos que todavía seguís en pie, pese a la brutal represión que ejerce el sistema en contra de los activistas políticamente incorrectos, estáis en vuestro derecho de gritarle al mundo con orgullo: *¡YO SOY PATRIOTA!*

Europa en llamas

De Londres a Berlín, de París a Malmö, llegando a Ámsterdam o Baviera, los campos arden al paso de las hordas extranjeras. Decenas de ciudades ya se han perdido y las que todavía quedan en las débiles manos europeas, no corren mejor suerte. Esta invasión ha sido alimentada por la inutilidad de los occidentales, el menosprecio de lo propio, los políticos de fronteras abiertas y la fecunda capacidad reproductiva de los migrantes. ¿Y mientras tanto qué hacen los hijos de Europa? ¿Por qué los patriotas no salen a las calles a defender cada palmo de su sagrado suelo?

Por extraño que pueda parecer y pese a lo dramático de nuestra situación, cada vez son menos las voces que se alzan indignadas, denunciando y señalando los problemas que traen consigo nuestros pintorescos y coloridos invitados. Sea por cobardía, indiferencia o directamente por estar de acuerdo con lo que está sucediendo, la gran mayoría de los europeos gira la cara para no ver la realidad. La vida del cobarde apátrida es mucho más cómoda y longeva que la de aquellos que luchan por su nación, por eso muchos abrazan gustosos el ideal globalista. A la carcoma moral e ideológica que debilita los pilares de la patria, no le afecta el cortante frío de Suecia, la sequedad griega o la humedad veneciana, por eso se expande imparable por el mundo occidental. Da igual la lengua que se hable, vivir más al norte o al sur, que a unos les guste la tortilla de patatas o que otros coman chucrut, cuando hablamos del cáncer ideológico de la anti-europea todos nos encontramos en serio peligro.

En Occidente vivimos bajo una dictadura con ínfulas de democracia, en la cual los poderosos tratan de aparentar normalidad, para que así la masa aborregada se encuentre más tranquila. Los Amos del Pensamiento no quieren que el pueblo le vea las orejas al lobo, hasta que se encuentren dentro de sus lupinas fauces. Todavía no se atreven a mostrarle al público todo su bilioso esplendor, ya que quedan demasiadas caras blancas que podrían revelarse. Por eso han acelerado su maquinaria manipuladora, para terminar de deconstruir la identidad de las naciones europeas. No en todos los lugares el veneno ponzoñoso que suministran, cala por igual. Unos pocos estados permanecen impermeables, resistiendo estoicamente los envites de la masonería, la cual los golpea cada vez con más saña y fuerza.

Cuando hablamos de la presión internacional que reciben los estados que se niegan a plegarse a los dogmas del multiculturalismo radical, vemos que Hungría es el ejemplo más palpable. Ya lo he comentado alguna vez que otra en mis libros o radio/programa: *la nación magiar es el último bastión centro europeo que resiste imperturbable, las acometidas de los grasientos burócratas que conforman el politburó de Bruselas.* Su primer ministro Viktor Orban y la organización político-identitaria de nombre Jobbik, se han convertido en las bestias negras del globalismo, gracias a su capacidad de sumar al pueblo a la causa nacional. Ser tan díscolos les ha valido una condena internacional, con las consiguientes sanciones económicas impuestas por la mafia conformada por los socios de la UE.

Europa no es el hogar de los europeos, ahora sirve de guarida para trajeados forajidos bajo las órdenes de la masonería, el sionismo y los lobbys económicos. No está bien visto que Hungría se niegue a acoger a millones de seudorefugiados dentro de su pequeño territorio, con el fin de preservar su identidad, ya que esta decisión afecta a los planes socioeconómicos ideados por los tecnócratas bruselenses. Necesitan mano de obra esclava que les ayude a dinamitar los derechos laborales de los europeos, al jugar con la variante de exceso de demanda y escasa oferta. El posicionamiento antiinmigración de los húngaros está retrasando sus planes, al alargar la ruta que los migrantes deben seguir por su cierre de fronteras.

Los grandes medios de comunicación distorsionan la realidad sobre lo que está sucediendo, pintando al primer ministro magiar Viktor Orban como un nuevo Hitler, que se niega a acoger a los pobres e indefensos refugiados. La imagen buenista que dan sobre los invasores se contrapone a la maldad intrínseca de los patriotas húngaros, los cuales únicamente tratan de defender sus fronteras de aquellos que quieren entrar sin invitación. No son solo los medios de desinformación masiva los que tratan de imponer su sesgada visión sobre un pueblo adormecido. Los pro-inmigración cuentan con una poderosa líder que los guía con puño de hierro, hablo de Ángela Merkel: *"el Diablo Rojo"*.

Quién les iba a decir a los germanos del Tercer Reich, que sus nietos acabarían siendo los principales promotores del genocidio anti-europeo que estamos sufriendo. Ellos entregaron su vida en Berlín, Stalingrado o Normandía tratando de impedir el avance de la bestia bolchevique, para que ahora la cancillería esté siendo ocupada por una trepa stalinista que se cree la ama y señora del viejo continente. Alemania y los estados satélites que le rinden pleitesía son la nueva URSS occidentalizada. La trepa de Ángela Merkel es la principal valedora de la dictadura de lo políticamente correcto. Valiéndose del hecho de que la economía germana es más pujante que la de sus vecinos, desde el

Bundestag acosan a aquellas naciones que se atreven a cuestionar las órdenes dadas bajo cuerda por Berlín.

Nos quieren vender que el problema de la Unión Europea son los gobiernos nacionalistas, los cuales no quieren abandonar su soberanía para integrarse en una nada deforme y mestizada, en la que la sangre de su pueblo se terminará diluyendo para siempre. En mi opinión, en cambio, el principal y más tangible enemigo de la hermandad entre europeos es: Ángela Merkel. La Alemania moderna trata de purgar una supuesta culpa, por haber apoyado en masa a los nacional socialistas. A base de hundir en el fango todo lo bueno, puro y honorable que un día hizo grande y digno a su pueblo, buscan la expiación. No les importa el número de naciones hermanas que se destruyan por el camino, para ellos todo método es válido a la hora de lograr afianzar el Plan Kalergi. Grecia, Portugal y en menor medida España, llevan sufriendo desde hace años los odios y abusos de la nueva Alemania turcofila.

La canciller Merkel exprime de manera inmisericorde hasta el último dracma, peseta o escudo (*euros en el fondo*) a las naciones del sur, para regalárselo a sus pupilos preferidos: refugiados, inmigrantes africanos y ong´s de extrema izquierda. Con sus políticas abusivas está logrando que la Europa mediterránea se muera de hambre, pese a contar con multitud de recursos naturales que les permitirían vivir holgadamente. La Tirana Roja es conocedora del potencial de sus vecinos sureños y por eso se ha encargado, personalmente, de desmantelar aquello que podría hacerles independientes de la dictadura de Berlín. El ojo de Merkel todo lo ve y desde el Bundestag vigila atenta para que el oscuro Mordor que es ahora Alemania, siga extendiendo sus fronteras a costa de aplastar a su paso a los hombres y mujeres pertenecientes a los humildes pueblos del Mediterráneo.

¿Y qué opina su histórico rival francés de todo esto? La verdad es que nada. Bastante tienen los pocos galos auténticos que todavía quedan, con sobrevivir al Rahowa que los inmigrantes norteafricanos de primera y segunda generación, han iniciado en Francia. La Marsellesa ha dejado de escucharse, en su lugar, las llamadas al rezo desde los minaretes de las mezquitas rasgan el cielo de las ciudades. La Torre Eiffel no es más que un oxidado reclamo turístico, carente de cualquier connotación patriota que pudiese haber tenido en el pasado. El burkini se impone con fuerza en las playas galas, mientras que la exclusiva comida halal se ha convertido en el menú oficial de los escolares franceses, sin importar a qué raza pertenezcan o la religión que profesen. ¿A quienes podríamos señalar como culpables de la decadencia gala? Tal vez a los Borbones, a Napoleón y sus delirios imperialistas o al genocida y adicto a la guillotina de Robespierre. Yo me centraría más en apuntar a personajes tan relevantes durante los siglos XX y XXI como: Charles de Gaulle, Chirac, Sarkozy u Hollande. Ellos encarnan en su corrupta figura la podredumbre política, nacida del fusilamiento de la cúpula del gobierno de Vichy.

La única esperanza que le queda a los franceses de no perecer es el Frente Nacional, pero a su llama azul, blanca y roja le falta oxígeno para crecer. En muchas ciudades los franceses étnicos representan tan solo el 40% de la población. Se han convertido en una minoría que habita en pleno continente europeo, dentro de un territorio marroquí o tunecino. Ya no hace falta la pinza de los socialistas y la derecha del UMP, para evitar que los Le Pen se coronen en el Elíseo. Con datos demográficos tan demoledores, parece muy difícil que el Frente Nacional llegue a triunfar algún día. No estoy siendo pesimista, simplemente me ciño a la realidad. Si de cada diez ciudadanos con derecho a voto seis tienen orígenes extra europeos, es imposible resultar victoriosos en el viciado juego de la democracia occidental, sobre todo si uno representa una alternativa patriota. Curioso que Francia esté siendo derrotada por la fecundidad de los vientres de los no blancos y no por la fuerza de las armas.

Todavía existe una nación europea en peor situación que la de nuestros vecinos galos, una tierra de nadie en la que las violaciones masivas suceden a diario, una zona sin ley donde ni la policía o el ejército tienen autoridad alguna para imponer nada, me refiero a Suecia. El país nórdico lleva décadas entregado en cuerpo y alma a la secta atlantista de la OTAN. Se han sometido de buena gana a los usos y costumbres de aquellos inmigrantes a los que regalan la nacionalidad. Podría deciros que los obligaron bajo pena de gulag, que la gente combatió con tesón para mantener su tradicional estilo de vida, pero os estaría engañando. No hubo pistolas en la sien, ni heroicas batallas en la nieve, tampoco enérgicas arengas loando las virtudes de la patria sueca, la verdad es mucho más vergonzante y deshonrosa.

La gran mayoría asumieron entusiasmados el hecho de traicionar a sus ancestros, al renunciar a la cultural local en pro del ideario globalista. Los efectos producidos por la no asimilación del estilo de vida occidental, por parte de miles de inmigrantes, han supuesto la peor de las maldiciones para dicho país. Nada queda ya de la Suecia escandinava a la que el mundo civilizado miraba con admiración, por su increíble estado del bienestar. En la actualidad su hacienda pública está al borde de la quiebra, por culpa de las millones de bocas no suecas a las que tienen que alimentar. El trasnochado multiculturalismo al que con tanto fanatismo se aferran, les lleva a querer ocuparse de todos los parias de la tierra, en detrimento del bienestar general de los suyos. Pero a quién le importa que los suecos étnicos coticen, casi en exclusiva, para que los refugiados a los que acogen tengan una vida repleta de lujos, si eso les permite presumir ante la cámara de la UE de los progres, democráticos y modernos que son.

El multiculturalismo de los somalíes, afganos, turcos, moros o senegaleses a los que han acogido ha enriquecido sus pueblos y ciudades con un 300% más de criminalidad. Esto ha llevado a que Suecia sea considerada en algunos informes de la ONU, como el segundo país del mundo con el mayor índice de violaciones en relación a su tamaño y densidad poblacional. Que un organismo nada sospechoso de ser nazi o racista para los progres, como es la ONU, dejara en evidencia al país nórdico de una forma tan descarnada, obligó al gobierno sueco a maquillar los datos para proteger a los delincuentes que viven plácidamente en su paraíso multicultural.

Numerosas han sido las personas que han dado con sus huesos en la cárcel, simplemente por mostrar la evidente relación que existe entre la inmigración y el aumento de los delitos, sobre todo de índole sexual. Si hasta el propio gobierno aprobó una ley según la cual: *está prohibido informar de la nacionalidad o raza de los agresores para no fomentar la discriminación*. Lo que verdaderamente buscaban con esa infame orden, era borrar todo rastro de las fechorías que cometen sus cetrinos protegidos. Pensad en esto: *si nadie se entera, en el fondo, es como si no hubiese sucedido.*

No me gustaría pasar por alto el inquietante hecho de que Suecia es denominada como: *la matria feminista*. Los hombres suecos hace tiempo que dejaron de ser suecos para convertirse en un puñado de planchabragas andróginos, que le hacen el desayuno a los incontables amantes de sus novias. No queda ni rastro del ardor guerrero que se apoderaba de los bersekers, cuando éstos entablaban combate. El sueco moderno ya no es ese vikingo que se trasladaba en drakar, sino que ahora viajan en bicicleta u otros vehículos respetuosos con el medio ambiente, ya que para algo se han tragado la mentira del cambio climático. Los problemas los resuelven con diálogo y mucha mano izquierda. Sus débiles puños serían incapaces de asir con fuerza el mango del hacha de combate y sujetar como es debido un escudo. Temen dar su opinión o alzar la voz delante de una mujer, solo saben repetir como bobalicones el mantra que les inculcan desde pequeños, el cual no es otro que: *son culpables solo por ser hombres*. Para tratar de purgar el machismo que las feministas les adjudican por el mero hecho de tener pene: orinan sentados, visten con falda y tacones para demostrar al mundo su lado femenino, se convierten en unos cucks de manual que permiten que su mujer meta a fornidos refugiados en su casa y cama, y votan a los socialistas o a los verdes siempre que tienen ocasión. Al igual que para el resto del mundo, queda claro que el feminismo ha sido el más efectivo castrador de la hombría sueca.

En la batalla por la supervivencia muchas de las naciones actuales que conocemos se quedarán por el camino y sin duda Suecia será una de las primeras en desaparecer. Es ley de vida, cuando a un pueblo deja de interesarle el luchar por el territorio en el que habita, otro vendrá a reivindicarlo para los suyos. Ellos hace tiempo que han decidido ser siervos, ciudadanos de segunda, presas. Ante eso el resto de nacionalistas europeos poco podemos hacer, no se puede obligar a ser libre a quien no quiere ser rescatado de sus captores.

No todos los países europeos están actuando igual ante la crisis migratoria, de proporciones épicas, que se avecina. El flujo de supuestos refugiados que estamos recibiendo va a seguir aumentando, el paso fronterizo de Calais *(Francia)* tarde o temprano terminará siendo desbordado por esa misma marea humana; por eso Reino

Unido ha levado anclas para empezar a navegar en solitario. Dicen que cuando un barco comienza a hundirse las ratas son las primeras en abandonarlo y eso es lo que ha hecho la pérfida Albión. Si fuese un neonato en lo que respecta a cuestiones geopolíticas, podría pensar que lo que les ha movido a abandonar un proyecto común en el que nunca creyeron *(la Unión Europea)*, ha sido el típico sentir nacionalista *"made in brithis"* con el que tratan de salvaguardar su identidad étnica.

Supongo que todos los que estéis leyendo este libro, hará tiempo que habréis dejado de creer ya en cuentos de hadas o en Papa Noel. Dudo que os traguéis que el Brexit obedece a una revelación identitaria, inspirada por el mismo Ricardo I *"Corazón de León"*. La explicación es mucho más mundana: *poderoso caballero es don dinero.*

El desencanto de los británicos con el inflexible modelo mercantil impuesto por Bruselas, ha sido el principal desencadenante de la futura salida del Reino Unido del Club de los 28. La idea de un mercado común articulado según el criterio de posibles rivales comerciales, hace que los brithis no borren de su mente los beneficios que obtenían con la Commonwealth. No hay que olvidar que ya en 1975 se celebró el primer referéndum de permanencia en la Comunidad Económica Europea, bajo el mandato del primer ministro Harold Wilson. Incluso Margaret Thatchert, la tan idolatrada *"Dama de Hierro"* de los liberales patrios, únicamente defendió la permanencia a cambio de mayor autonomía. También se opusieron al Tratado de Maastricht en 1992 y reafirmaron su independencia económica al ser junto con Irlanda y Polonia, los tres únicos países de la UE en los que no se aplicaban los deberes del acuerdo de Schengen.

Conociendo todos estos antecedentes solo era cuestión de tiempo que la extraña relación que mantiene el Reino Unido con el continente, terminase saltando por los aires. Lo curioso es que la voladura de los puentes fue iniciada por un defensor, a priori, de la unidad: el ex primer ministro David Cameron. Lo que nunca se pudo imaginar dicho líder es que su órdago iba a tener tanto recorrido, debido al número de euroescépticos que habitan en el rural inglés. El pueblo habló claro en el referéndum por el Brexit y los poderes facticos terminaron disgustándose al ganar el sí. Ahora solo queda esperar y ver los posibles beneficios que el divorcio les va a aportar, ya que los contras comenzamos a tenerlos claros: boicot económico a la libra y a la Citty de Londres. Lo que ya es más difícil es que puedan librarse de los millones de indios, africanos, pakistanís y demás población de origen extranjero, una vez que vuelvan a recuperar su autonomía como nación.

El fenómeno sustitutorio es ya una realidad palpable en las calles de Londres, Manchester o Liverpool. En sus colegios los niños ingleses de tez clara se encuentran en franca minoría, frente al tumulto de estudiantes de color oscuro. Esto los ha convertido, de facto, en el blanco de todo tipo de ataques xenófobos y en las desgraciadas víctimas de las redes de pederastia internacional que allí operan. El silencio cómplice de los medios de masas y la indiferencia de la policía, hacen que los pobres e inocentes niños y niñas blancos sean doblemente víctimas de este perverso sistema. Solo así se puede explicar que durante dieciséis años, más de mil cuatrocientos menores británicos sufriesen los abusos de un clan mafioso de inmigrantes, sin que nadie moviese un solo dedo para frenar tan abominable realidad.

¿Cuál fue el motivo de que las autoridades actuasen de este modo? La respuesta está en el color de la piel de los infantes, el cual era blanco y ya sabéis lo que eso significa: *los problemas de los blancos no le interesan a nadie*. Si en lugar de autóctonos los damnificados hubiesen sido supuestos refugiados tipo Aylan, esos moralistas que abogan por

24

las políticas de puertas abiertas y papeles para todos, nos hubiesen estado dando la cantinela hasta el día del juicio final.

No quiero entrar en detalles escabrosos tanto por respeto a la memoria de las víctimas, como para evitar el sensacionalismo amarillista que tanto parece gustar y triunfar en Occidente. Entre los años 1997 y el 2003 mil cuatrocientos pequeños fueron secuestrados, amenazados y abusados física y mentalmente, por una hampa de violadores de origen extranjero. Los abusadores trabajaban de cara al público como taxistas o de dependientes en locales de kebabs y para más inri, recibían cuantiosas ayudas para la integración por parte de los servicios sociales ingleses. Como siempre suele ocurrir en estos casos, el estado se encarga de financiar a grupos de criminales que atemorizan al indefenso pueblo. Conviene reseñar que ya desde el 2002 los hechos llegaron a oídos de las autoridades de Rotterdam, pero el ayuntamiento y la policía silenciaron los casos por temor a ser etiquetados de racistas. La indiferencia permitió que esta red de pederastas se extendiera por: Bradford, Birmingham, Oxford,...

Esto se hubiese podido frenar a tiempo si los ingleses hubiesen aplicado a esas alimañas extranjeras, la justicia patriótica de los nacionalistas, pero nadie tuvo el valor suficiente para hacérselo pagar por todos los crímenes cometidos. Lo más sangrante es que, a día de hoy, muchos de los culpables no han sido juzgados ya que han escapado a sus países de origen o bien se excusaron diciendo que: *en su cultura eso era algo normal.* Y así es como consiguieron librarse de ser procesados, leer para creer. El estado de derecho siempre es garantista con los coloridos inmigrantes que invaden nuestras fronteras y se saltan nuestra legislación a la torera, pero excesivamente severo con los autóctonos que protestan por ello.

La pérdida de la virilidad europea es un mal endémico que afecta a casi todas las naciones blancas por igual. He dicho casi todas, porque el este todavía se resiste a caer preso del multiculturalismo progresista que asola Occidente. Los potentes rugidos del inmenso oso ruso sirven de aviso para los atlantistas que buscan adentrarse en territorio eslavo: ¡*no sois bienvenidos*! El duro clima siberiano ha forjado a base de hambre, sufrimiento y privaciones la aguerrida alma del pueblo ruso. Son luchadores natos, supervivientes, son la savia nueva de la que tan necesitados andamos. La mayoría de los patriotas europeos miramos al este con esperanza, viendo en Rusia a un aliado para la causa. No deja de ser curioso que quien en el pasado fue el culpable de infectar el mundo con la plaga comunista, sea en la actualidad la cura que nos librará de sus secuelas.

El caos surgido de la disolución de la URSS, en el cual se pasó de la noche a la mañana de un régimen comunista liberticida y controlador, al capitalismo más salvaje; propició la caída en desgracia del gigante eslavo. Desde el ascenso al poder del ex-agente de la KGB: Vladimir Putin, muchas cosas han cambiado. Putin representa el regreso a la estabilidad y el resurgimiento de Rusia como una nueva potencia mundial. No lo tenía fácil, el borracho del expresidente Boris Yeltsin se aseguró de dejarle un país empobrecido y sin esperanzas de futuro. Recordad que durante el mandato de Yeltsin el poder no emanaba del Kremlin, sino que los oligarcas se repartían los inmensos recursos del país a su antojo, tras pagar los sobornos de rigor. Mientras tanto la población sufría en sus carnes el rigor del hambre y el frío de la estepa, el desempleo y la despoblación del campo, el rapto de sus hijas para ser enviadas en masa a los EEUU como prostitutas. Con este panorama fue lógico que Putin terminara por convertirse en un héroe para los humildes, tras devolverle a la patria la dignidad que le había sido robada.

Los medios de masas occidentales nos dirán que es un tirano o que quiere volver a la Guerra Fría, pero la verdad es que estas consignas únicamente obedecen al plan diseñado por Obama, para demonizar a su más directo rival. Ya sabemos cómo se las gastan los demócratas yanquis cuando acusan a alguien de ser: "*el malo internacional*", sino que se lo pregunten a Gadafi o Saddam Hussein. Después de la caída del Muro de Berlín y la desintegración de la URSS, los useños se acostumbraron a ser los sheriffs del mundo, pero con el resurgimiento del oso ruso las cosas han cambiado. A diferencia de Obama, Putin no quiere exportar la democracia al Tercer Mundo a base de bombas e invasiones. Tampoco dirige boicots económicos, ni pide sanciones en la ONU para los que piensan y actúan diferente, únicamente se encarga de gobernar Rusia para los rusos. De todas maneras le ha resultado inevitable no terminar salpicado por la guerra en Siria, ya que a diferencia de las naciones vasallas de los USA, Putin sí ha sabido respetar la legitimidad del presidente sirio Bachar Al Assad. Está claro que Vladimir Putin también tiene sus puntos oscuros, su excesivo autoritarismo puede espantar a algunos patriotas del oeste. Hay que entender que los eslavos, sobre todo los rusos, tienen unos valores y un sentir diferente de la política que poco tiene que ver con nuestro punto de vista occidental.

Yo no soy quién para juzgar su forma de ver la vida, al igual que tampoco permitiría que una nación o ente extranjero se entrometiese en los asuntos que nos incumben a los españoles. En cada nación tenemos nuestra propia forma de ser y de afrontar las cosas, y es esta diversidad la que ha hecho grande a nuestro agonizante continente. ¿Seremos capaces de seguir preservándola en los años venideros?

Puede que sí o puede que no, todo dependerá de las ganas que le pongamos los patriotas para luchar y de lo convincentes que resultemos para sumar a más gente a la causa.

Sangre, tierra y nación

La sangre va ligada a la tierra y viceversa. El nexo de unión existente entre la raza y la patria, va más allá de un simple concepto ideológico. La razón de ser del patriotismo es la de asegurar la existencia de un grupo determinado en las lindes de un territorio acotado, en el que pueden llevar siglos asentados o en una zona recién descubierta o conquistado a terceros. Mediante la defensa de una identidad étnica, cultural y lingüística exclusiva, los individuos forjan naciones y crean alianzas que les ayudan a sobrevivir en un mundo cambiante. El número otorga la fuerza y la homogeneidad garantiza la unión frente a un enemigo exterior. Aquellos pueblos e imperios que pasaron por alto esta verdad natural y dieron la espalda al legado de sus ancestros, invitando a otros a traspasar en masa sus fronteras, terminaron por desaparecer. Lamentablemente la historia es cíclica y Occidente está repitiendo los mismos errores. Si no se remedian, pronto nos conducirán hacia la aniquilación total.

Hay que tener presente que las revoluciones o el ocaso de las civilizaciones no surgen por arte de magia, ni tienen un único origen, sino que más bien tienden a ser multicausales. A veces estos periodos históricos que traen consigo dramático cambios, vienen a cumplir una tarea rehabilitizadora sustituyendo lo antiguo por una idea, sociedad y sangre diferente. En muy pocas ocasiones el elemento invasivo o sustitutorio se apiada a la hora de aplastar al rival, en los nuevos dominios de los que se quiere apoderar. Así es como se pierden en el cajón del olvido naciones, etnias, razas e incluso imperios.

El ejemplo más claro que se me viene a la cabeza es el del Imperio Romano. Muchos creen que Roma cayó al perder en el siglo III su carácter centralizador, debido al aumento del poder de los terratenientes que habitaban en unas provincias cada vez más autónomas. Sesudos historiadores os dirán que fue la grandeza extensiva del impero y la dificultad para controlar sus vastos y lejanos dominios, lo que precipitó su caída en desgracia. Seguramente los más jóvenes también estaréis cansados de leer, en vuestros libros de texto, como los ejércitos regionales se alzaban en armas para coronar a sus generales con el título de emperador. Incluso los economistas argumentan que el estancamiento económico ocurrido durante el siglo II, consecuencia del fin de las grandes conquistas, afectó negativamente a la paz social y minó la imagen que el pueblo tenía de sus líderes. Estas cuatro teorías llevan su parte de razón, aunque en honor a la verdad, he de decir que solo la tienen a medias y a continuación os relataré el por qué.

No voy a negar que el hecho de descabezar el poder (*descentralización*), dificulta la toma de decisiones y aumenta cuantitativamente la burocracia necesaria para realizar las mismas labores. Además, esto conlleva una serie de efectos prejuiciosos que repercuten en el pueblo: tasas, aumento de impuestos a las clases medias y bajas, mayor gasto del erario público para pagar sueldos de funcionarios,... Lo que los defensores de esta tesis ocultan de forma deliberada o por desconocimiento, es que el poder de Roma capital no se vio suplantado solamente por el chauvinismo regional de sus provincias, había algo más oculto en las ambiciones de estos mini-césares de extrarradio. Podríamos pensar que los colonos patricios hartos de pagar impuestos para alimentar la megalomanía monumental de la capital, ya fuera en la Galia o en Hispania, decidieron ponerse de acuerdo para reclamar un mayor grado de decisión. Está bien, puedo comprar este argumento y hasta podría defenderlo, de no ser por el hecho de que por aquel entonces pocos eran los romanos étnicos que reclamaban la autonomía.

Durante los últimos y grotescos estertores del imperio, gerifaltes corruptos regalaban la nacionalidad a bárbaros invasores que nada tenían que ver con la idiosincrasia romana. Algunos se adaptaron, pero los que más, utilizaron la nueva ciudadanía que habían obtenido de forma fraudulenta para prosperar pisando al prójimo, hasta alcanzar unas cuotas de poder que nunca habían soñado. Esto les permitió vender su fuerza trabajo, como defensores del imperio, al mejor postor y a cambio el cesar de turno les regalaba tierras en las que fijar sus dominios. Y de esos polvos vinieron luego los lodos independentistas. Los extranjeros romanizados tenían un territorio en propiedad en el que hablaban su lengua original, practicaban su religión herética y mantenían sus usos y costumbres tradicionales. En la práctica, esto los convertía casi en una nación independiente.

Desde su nacimiento el Imperio Romano fue mutando de una pequeña villa sin importancia, hasta convertirse en una voraz superpotencia que no conoció límites, hasta que el paso del tiempo la puso en su lugar. Nada puede crecer eternamente y su continua búsqueda de un nuevo frente en el que batallar les acabó pasando factura, sobre todo cuando los romanos se comenzaron a negar a enviar al frente a sus hijos. Los ricos pagaban para que sus primogénitos no terminasen ensartados en África u Oriente Medio, mientras que a los más humildes tan solo les quedaba el organizar revueltas para evitarlo, cada vez que venían los reclutadores a la ciudad. ¿Cómo se llegó a este punto de no retorno?

Para empezar fueron cientos de miles las almas que se perdieron, buscando inflar la gloria del sátrapa que ostentaba la corona de laurel.

La gente comenzó a cansarse de entregar gratuitamente la vida de sus hijos, cada vez que uno de esos tiranos que nunca se preocupaban por el pueblo, se lo ordenaba. Otro de los factores que desencadenó este anti-militarismo practicante, fue la toma de conciencia de la población en lo que respecta a la agresiva política romana. Las guerras que se libraban no eran por la gloria o defensa de la patria, sino por la codicia de los poderosos. El factor económico también fue decisivo ya que para sufragar cada nueva campaña militar, se optaba por subir los impuestos. A su vez, la ganancias que se obtenían como botín las veces que Roma salía victoriosa, quedaban en manos de unos pocos en lugar de repartirse entre todos los que habían arrimado el hombro. Esta desigual política bélica, defensora del repartir pérdidas y guardar las ganancias para la élite, dio al traste con el sentir patriótico que la masa pudiese haber albergado en sus corazones.

Al verse ralentizado el flujo de nuevos reclutas autóctonos, los siempre codiciosos y cortoplacistas hombres del senado recurriendo a la brillante idea de pactar alianzas con los mismos bárbaros extranjeros, a los que habían estado combatiendo más allá del Rin. Por si eso fuese poca traición a la patria les concedieron terrenos propios dentro del imperio, a cambio de que éstos se encargaran de mantener la seguridad en las fronteras. Entregar la seguridad de todos a un ejército extranjero, supuso un craso error. Los intereses de estos elementos alójenos no eran los mismos que los de la población autóctona.

Pensad esto: *¿en qué bando se suelen posicionar los mercenarios cuando estallan los conflictos?* Resulta evidente que jugarán del lado del patrón que pague más. Aunque aún voy a complicar más la cuestión: ¿qué ocurriría si son los propios bárbaros, que supuestamente están romanizados, los que atentan contra la paz? ¿Acaso pensáis que ese ejército de no romanos, nombrado por los romanos, mataría a los suyos para proteger a los mismos perezosos que los han contratado? Pues claro que no. A diferencia del mundo actual, en aquella época los lazos de sangre que unían a los individuos de una misma etnia o raza, eran más fuertes que cualquier acuerdo mercantil. Si algo nos deja claro el sentido común y la historia es que a la hora de la verdad, tú siempre tirarás por los tuyos.

Asentados como señores de inmensos territorios en los que imperaban sus leyes ancestrales y constituyendo la mayor parte de la fuerza bélica del imperio, los extranjeros romanizados pudieron permitirse el lujo de imponer sus propios caudillos ya no solo a los suyos, sino al resto de la población. A la mayoría de los romanos auténticos de los que pocos quedaban ya, la idea de verse subyugados por aquellos bárbaros a los que sus gobernantes habían dejado entrar libremente, les horrorizaba y repugnaba pero fue demasiado tarde para remediarlo. Por primera vez ellos pasaron a ser la minoría, ya no tenían potestad para participar en las decisiones que concernían a la defensa del imperio, sin darse cuenta pasaron a convertirse en ciudadanos de segunda.

Lo que estaba por venir no sorprende: guerras internas entre los generales extranjeros para hacerse con el poder, falta de organización económica en los territorios cedidos a los salvajes, hambrunas, nuevas invasiones motivadas por la debilidad que transmitía el imperio,... Así es como se echa a perder el legado de una gran nación y como se destruye en pocos años, aquello que tardó siglos en levantarse. Al dejar a un lado el sentir nacional mientras se transformaban en un gigantesco conglomerado mercantil, se despojaron también de toda su identidad nacional. ¿Os suena lo que os estoy contando? ¿Veis alguna semejanza con la situación político-social que vivimos en Europa? Yo desde luego sí.

Los romanos no fueron los únicos que vieron desaparecer su imperio engullido por las voraces e insaciables fauces, de los cetrinos errantes a los que habían intentado civilizar con sus malas políticas asimilativas. Hace mucho existió un reino en el que no se ponía el sol, el más grande habido y por haber, y aún así terminó desapareciendo de manera deshonrosa. Supongo que ya os habréis dado cuenta de por dónde van los tiros, hablo del Imperio Español.

La gloriosa nación castellana y por ende española, en conjunción con la corona de Aragón, los antiguos reinos de León y Galicia y el apoyo navarro, emprendieron la mayor gesta conocida hasta la fecha por la humanidad: la conquista del lejano nuevo mundo. No fueron solos estos aventureros hispanos, sus hermanos portugueses también los acompañaron en esta épica aventura que cambiaría la historia para siempre. Con diplomacia, sangre, acero y fuego sometieron a salvajes caníbales, resistieron los cobardes ataques de los piratas que seguían órdenes de la corona inglesa, llevaron el arte, la cultura y la fe a los territorios conquistados. Pero como siempre ocurre, la rapaz avaricia de unos pocos dio al traste con el sueño de muchos.

Tras finalizar la reconquista patriótica de la península, extirpando el tumor que suponían los rescoldos del Reino Andalusí, los esfuerzos de nuestros antepasados fueron redirigidos al logro de gestas iguales o superiores a la expulsión del invasor sarraceno. El elemento unificador de la sangre fue un factor clave en ambos acontecimientos. Conocedores de esta realidad los reyes católicos optaron por purgar su reino, eliminando así las manzanas podridas que fermentaban en el cesto. La península había caído siglos atrás, gracias a la desunión étnica, cultural y religiosa de los diversos pueblos que cohabitaban en Hispania. Suevos, romanos, visigodos, lusitanos y celtiberos se encontraban enfrentados en una cruenta lucha sin cuartel, sin percatarse de que el elemento judío conspiraba desde las sombras para facilitar la invasión bereber.

Este patrón guerracivilista y sus consecuencias, suelen repetirse cada X tiempo. Cuando los europeos blancos nos peleamos entre nosotros, nuestros enemigos se aprovechan y salen beneficiados. En aquella ocasión quienes sacaron tajada de la división existente, fueron las oscuras tribus que habitaban al otro lado del Mediterráneo, junto con sus compinches judíos. Muchas vidas inocentes se perdieron tratando de enmendar el error. No fue tarea fácil pero los indómitos españoles y portugueses de antaño, hermanos de la misma madre: la Península Ibérica, no se rindieron hasta que la planta del extranjero dejó de corromper nuestro sagrado suelo.

El efecto dinamizador que nos empujó durante la Reconquista y posteriormente en el descubrimiento del continente americano, no tardó en evaporarse cuando la avaricia y el ansia por acumular riquezas, se impusieron al espíritu y deber patriótico de los conquistadores. El imperio en el que no se ponía el sol se fue al traste con cada acto deshonroso, de aquellos dirigentes que habían jurado velar por su integridad. Virreyes, capitanes, Borbones, duques, terratenientes, esclavistas, la iglesia católica e indios extranjeros asimilados, minaron poco a poco con sus malas acciones el gran logro conseguido. Sin nadie al que le importase la unidad y sobre todo la preservación étnica de los españoles, la carga genética blanca de los conquistadores no tardó en diluirse en aquel gigantesco mar de color que era América, dando lugar al continente mestizo actual.

El mestizaje masivo terminó por cortar los lazos que les unían a la península, ya que la homogeneidad étnica de España les resultaba totalmente desconocida cuando se comparaban con ella. Se podría afirmar que la mayoría de los líderes latino-americanos que consiguieron la independencia de la corona castellana, no fueron españoles étnicos como tal. Valiéndose del elemento sanguíneo diferenciador, estos caudillos seguidores de la Pachamama alimentaron el odio de la población indígena y mixed hacia todo lo europeo, culpando a los peninsulares de todos sus males. Siendo minoría los blancos que defendían o apoyaban la unión de territorios y con un inmenso y azul océano que los alejaba de la madre patria, el proceso separatista recorrió triunfal las posesiones de la corona, poniendo así fin al sueño imperial.

Los hermanos portugueses no corrieron mejor suerte con sus provincias de ultramar. Tardaron más tiempo que los españoles en perder sus posesiones, pero finalmente la nueva realidad geopolítica imperante los tumbó de bruces en el suelo. Los lusos fueron más avispados en lo que respecta a la cuestión étnica y salvo en Brasil, mantuvieron bastiones blancos en las colonias que tenían bajo su dominio (*Mozambique, Goa, Angola, Timor, Diu, Guinea Bissau, Haveli,...*), para asegurarse así la lealtad de sus pobladores. Por eso fracasaron casi todas las intentonas golpistas de carácter independentista, ya que por normal general, éstas solían estar sustentadas por un grupo racial concreto que buscaba imponerse al resto. Los blancos de las poblaciones de ultramar solían contar con el apoyo de otras razas o etnias leales a la metrópoli, en las cuales se apoyaban a la hora de combatir a los desleales insurgentes.

¿Qué fue entonces lo que llevó a Portugal a quedar reducida a la mínima expresión, durante la segunda mitad del siglo XX, si tenía todo atado y bien atado? Os diré dos palabras o en concreto un hecho histórico que ayudará a esclarecer esta incógnita: Guerra Fría. Tras la caída del Tercer Reich en la Segunda Guerra Mundial el mundo quedó dividido en dos bloques totalitarios, la URSS y los EEUU, que se disputaron el dominio y control de la mayor parte de las naciones del globo. Estos extraños compañeros de cama, cuyos jerarcas retozaron juntos mientras sus ejércitos masacraban a civiles alemanes, decidieron romper con su aberrante matrimonio cuando se percataron que el otro quería ser el único gallo del gallinero. ¿Qué pinta Portugal en todo esto? Muy sencillo, el impero luso era el tercero en discordia y eso resultaba inaceptable para cualquiera de las dos corporaciones ideológico-monolíticas.

El viejo doctor Oliveira Salazar sabía muy bien como mantener la integridad del imperio portugués, por muy disperso que éste estuviese. Pese al empeño que capitalistas y comunistas pusieron a la hora de minar el poder luso en sus provincias de ultramar, éstas se mantuvieron fieles salvo pequeñas excepciones. Por mucho que entrenaran a guerrillas separatistas e inflaran a dólares y rublos a las agrupaciones terroristas, que cometían los atentados contra los objetivos que la CIA o el KGB marcaban, el humilde y pequeño ejército portugués les plantó cara hasta casi aplastarlos. Curiosamente el golpe que terminó por destruirlo todo no vino de un campo de batalla africano, sino del propio corazón lisboeta de Portugal.

Con la muerte de Oliveira Salazar el Estado Novo quedó huérfano e indefenso ante las conspiraciones marxistas. Lo sucedió Marcelo Caetano, el cual fue incapaz de frenar al traidor general Spínola, hombre clave favorable a la dictadura soviética de Moscú. Fue un 25 de abril cuando en Lisboa el color rojo inundó las calles, para destruir el último gran imperio de la vieja Europa. Indefensos tras la caída del Estado Novo, millones de blancos escaparon con lo puesto de las provincias de ultramar (*entre esos millones de inocentes se encontraba mi familia paterna, la cual procede de Mozambique*), para no ser víctimas del genocidio que se llevaría a cabo en los meses siguientes.

El comunismo de la URSS le terminó por ganar la partida a los EEUU, pero los únicos que perdieron de verdad fueron los portugueses. El Portugal actual no es ni una décima parte de la sombra de lo que antes fue. Desde aquel infame 25 de abril viven humillados y apartados de las grandes decisiones europeas, pese a que un día llegaron a dominar los océanos. Aún así, existió otra nación europea que corrió peor suerte que España y Portugal, me refiero a la Alemania del III Reich, debido a sus pretensiones de crear un nuevo impero continental.

Tras el fin de la Primera Guerra Mundial Alemania había sufrido importantes amputaciones territoriales, motivadas por las ansias revanchistas de Francia e Inglaterra. La masonería deseaba un nuevo reparto del poder continental y para ello necesitaban la reconfiguración del mapa europeo. El káiser Guillermo II no era del agrado de los líderes masónicos, por eso tanto el káiser como el pueblo germano, pagaron muy caro el apoyo a sus vecinos austro-húngaros. Lo que vendría después con la firma del deshonroso Tratado de Versalles, demostró la inquina que tenían los lobbys de poder hacia el pueblo alemán. La República de Weimar se instauró para tener vigilado y controlado, desde dentro, el resurgir del espíritu patriota alemán. Les impusieron condiciones de reparación de guerra impagables, para mantenerlos atados a la correa de las finanzas internacionales. Parte de su patria ancestral fue despedazada y vendida al mejor postor e incluso les privaron del derecho y la obligación más importante que tiene toda nación: la de tener un ejército propio.

Llegados a este punto conviene andarse con pies de plomo si queremos plasmar nuestra opinión. El más pequeño trazo puede ser identificado por los fiscales del régimen rojo que nos oprime, como una loa al gobierno salido de las urnas teutonas en 1933. No vivimos en democracia y tampoco existe libertad de expresión para abordar según qué temas, por mucho que los medios de masas y los sátrapas de turno que nos gobiernan traten de vendernos lo contrario. Uno tiene libertad para expresar públicamente su odio hacia la raza blanca y el deseo de verla extinta. Lucir símbolos comunistas es una moda entre los jóvenes del sistema. También se puede predicar en las escuelas el hembrismo más discriminador, de la mano de fanáticas institutrices feministas. Manifestarse con el fin de romper un país como España es algo cotidiano. Incluso defender todo tipo de gustos sexuales y practicarlos, salvo aquellos exclusivamente heterosexuales, se permite en la vía pública.

Cuidado si pensáis tratar un tema que le resulte incómodo a los poderes fácticos que dominan Occidente, entonces os daréis cuenta de que en realidad vivimos sometidos a la dictadura de lo políticamente correcto. Da igual que uno trate de abordar cierto tipo de cuestiones o épocas históricas desde la más absoluta rigurosidad, como es mi caso. Existen ciertos temas tabú de los que uno no puede salirse, en ningún momento, de la verdad oficial. Cuando se aborda todo lo relacionado con el auge y caída del III Reich, solo hay lugar para una opinión prefabricada que agrade a los Amos del Pensamiento: *Hitler era el demonio encarnado que vino al mundo a sembrar el caos y la destrucción.*

El ascenso al poder de Adolf Hitler, líder del NSDAP, fue una consecuencia lógica y natural del asfixiante clima político, social, económico y militar que los ganadores de la Primera Guerra Mundial habían generado a la fuerza en el despedazado imperio alemán. Los abuelos de los mismos que en la actualidad se empeñan en ver nazis antisemitas hasta en la sopa, fueron culpables de encumbrar al poder a aquel humilde hombre de curioso bigote, que había nacido en una aldea de Austria llamada Braunau.

Como ya bien sabréis la historia siempre la escriben los ganadores, salvo en el caso de España, aquí son los defensores del régimen marxista de la II República quienes la han reescrito a su antojo e interés. Durante décadas nos han repetido la misma cantinela dogmática, sobre los hechos ocurridos antes y durante la Segunda Guerra Mundial. Nos dicen que el NSDAP llegó al poder alimentando el odio antisemita que anida en el corazón de cada alemán, que Hitler deseaba la guerra a toda costa y que por eso invadió Polonia, y que existía un plan perfectamente organizado para aniquilar a todo el que no fuese ario. Desglosado así suena muy burdo, pero sorpresa, gracias al efecto que produce la repetición constante en la abotagada mente de los occidentales, éstos se lo han terminado por creer a pies juntillas. Da igual que la realidad los desmienta totalmente. Como comenté en líneas anteriores, el NSDAP ocupó el Reichstag gracias a que fue el único partido que defendía la recuperación de la soberanía alemana y del orgullo nacional, por eso el pueblo terminó apoyándolos en masa.

No negaré que en aquella época existía un sentir anti-judío, pero tampoco fue tan generalizado como nos lo quieren pintar. Siempre ha sucedido que en tiempos de guerra la mayoría autóctona mire con recelo al diferente, a la minoría extranjera. No defiendo que la persecución por tintes políticos, étnicos o religiosos sea algo normal o esté bien, solo digo que es más común de lo que la gente cree. Que se lo pregunten a las tropas de los EEUU y la URSS, las cuales cometieron una limpieza étnica de alemanes en los territorios que tutelaban, que generó millones de víctimas.

La prensa miente cuando dice que el Führer buscaba a propósito la confrontación. Realmente el clima de crispación mundial era tal, que finalmente resultó inevitable la lucha armada. Polonia fue invadida por ambos frentes, pacto Ribbentrop-Mólotov, pero a los aliados pareció no importarles que sus camaradas purgaran a: kulaks, burgueses y nacionalistas en los territorios que cayeron bajo el manto soviético, realizando matanzas en masa como la cometida en el bosque de Katyn. Parecen también obviar que al Tercer Reich se le buscó las cosquillas de forma constante, especialmente Francia, temerosa del resurgir germano. Tampoco debemos hacer de menos a la guerra financiera que desde 1933 la mafia de Wall Street emprendió, junto con la ayuda de la masonería, para boicotear el despegue económico que se había iniciado con las acertadas políticas instauradas por la administración nacional socialista.

Llegados a este punto no sé si atreverme a explicar, aunque sea de pasada, una de las mayores mentiras propagandísticas que se inició en aquella época, la cual ha llegado hasta nuestros días convertida en dogma universal. Dudar de la existencia de un plan preconcebido por parte del Tercer Reich, para aniquilar a todo aquel que no fuese rubio y de ojos azules, en la práctica significa ajustarte tu propia soga al cuello. Yo sería el primero en criticar, oponerme y combatir tal idea aberrante si fuese cierta, pero en este caso la ficción ha superado con creces a los hechos. Ninguna persona con honor y moral puede apoyar la exterminación del contrario porque éste sea: judío, homosexual, gitano, cristiano, eslavo, negro o blanco. Estar a favor de ello te convierte en un demente a la altura de: Robert Mugabe, Stalin, Roosevelt y demás tiranos genocidas. Nadie tiene derecho a arrebatar la vida a otra persona, por muy contrarias que sean las ideas que ésta tenga.

La política del miedo y la destrucción que en la Europa actual practican los yihadistas, nunca podrá casar con el verdadero ideal patriota. Menciono esto para aclarar cualquier tipo de duda o suspicacia que puedan levantar mis palabras, en aquellas personas que se encuentran dispuestas a malinterpretarlas. No pretendo hacer un lavado de cara al régimen nacional socialista, aunque sea de rigor reconocer los muchos logros y avances que consiguieron. Tampoco busco minimizar el sufrimiento que la guerra causó en algunas razas, simplemente creo que ya es hora de agarrar el toro por los cuernos, para enfrentarnos valientemente a ciertos hechos históricos del pasado.

No es la primera vez y supongo que no será la última, que escribo que en algunas zonas del Reich se persiguió a los judíos por el mero hecho de serlo, sin importar si habían cometido actos de sabotaje o traición. No se me caen los anillos por exponer públicamente un hecho real que es por todos conocidos, pero eso sí, que hayan sucedido ciertos asuntos turbios no da carta libre para demonizar un pensamiento ideológico, que logró devolver la esperanza al pueblo alemán.

Es una total falacia que Adolf Hitler quisiese exterminar a quien no fuese alto, rubio y de ojos azules. Cuesta creer que exista gente tan simple como para tragarse una patraña de tamaño calibre, pero por lo visto a día de hoy, son millones los borregos que se lo creen a pies juntillas. No consideraban inferiores a los árabes, orientales o negros, ya que miles de no blancos lucharon en las Waffen SS con convicción y valor. No hay que pasar por alto que durante las olimpiadas celebradas en Berlín en 1936, el atleta afroamericano Jesse Owens fue homenajeado por los jerarcas nacional-socialistas, tras hacerse con cuatro medallas de oro. La siempre falaz prensa ha tratado de silenciar este hecho, a base de tejer todo tipo de mentiras a su alrededor. Parecen pasar por alto que mientras en la infernal Alemania del Tercer Reich se otorgaba a Jesse Owens los honores de un campeón, en los democráticos USA se le prohibía viajar en la parte delantera del autobús, entrar a restaurantes e incluso se le obligó a competir contra caballos solo por ser negro. Qué curioso, al final fue el gobierno "nazi" al que tanto han etiquetado de racista y genocida, el que trató con decencia a un gran deportista sin que les importara el color de su piel.

Otra estúpida leyenda urbana que ha quedado grabada a fuego en las mentes de los descerebrados occidentales, es aquella que dice que Hitler no consideraba blancos a los mediterráneos. Esta afirmación cae por su propio peso cuando comprobamos que la Italia de Mussolini, el Portugal de Oliveira Salazar, la Rumania de Codreanu o la España de Franco simpatizaban con el "NS" o directamente fueron aliados activos del Reich durante la Segunda Guerra Mundial. Es más, varias fueron las veces en las que el Führer alabó y condecoró a los intrépidos mediterráneos que lucharon en el frente del este. Entonces: ¿a qué viene tanto empeño por concienciar al mundo de todo lo contrario? ¿Quién gana con tanta tergiversación? ¿Está fundamentada tan masiva y odiosa campaña manipulativa?

Es difícil responder a todas estas incógnitas, ya que los principales actores políticos y económicos han ido cambiando desde 1945, pero sus embustes se han mantenido en el tiempo. Lo que sí está más que claro es que gracias a la constante campaña demonizadora, han conseguido extirpar el germen patriota del alma germana.

En la Alemania actual el pueblo teme mostrar abiertamente su amor por la patria, por terror a ser etiquetados de: nazis genocidas o asesinos de seis millones de personas. Enorgullecerse de las victorias militares de su pasado, lucir la bandera u otros símbolos nacionales e incluso hablar su propia lengua, es motivo suficiente para la excomunión social. Con razón ya casi nadie se atreve a exponer abiertamente cosas tan razonables como: estar orgulloso de ser alemán, exigir la prioridad nacional a la hora de acceder a las ayudas públicas o algo tan sencillo como defender el derecho de inviolabilidad de las fronteras nacionales. Únicamente es válido aquello que acelere la deconstrucción de identidad que sufren, para así alejarlos lo máximo posible del ideal nacional que estuvo a punto de conseguirse durante el Reich.

He expuesto cuatro ejemplos que ilustran el auge y caída de diversos imperios de la órbita occidental, los cuales en algún momento de su existencia, olvidaron la conexión étnica y espiritual que los ataba al suelo patrio. No supieron entender que sin la consanguineidad que hermana a los pobladores de un territorio, no existe unión nacional posible. A mayor diversidad menor será la conexión y el sentir patriótico, de ahí que desde diversos organismos internacionales se presione a los estados, para que lleven a cabo políticas de fronteras abiertas para todos.

Cuando alguna nación se niega a aceptar el cambio de faz, cultura y religión dentro de su suelo patrio (*caso del Portugal de Oliveira Salazar o el Reich alemán*) se convierte en el blanco del comunismo, la masonería, los especuladores financieros y demás cuatreros transnacionales. Mediante boicots comerciales, chantajes económicos, financiación de guerrillas terroristas o directamente la intervención armada, tratan de doblegar a golpes el cuerpo y el alma de los insurrectos, hasta lograr amoldarlos al ideal multicultural y antiblanco defendido por el Nuevo Orden Mundial. Este proceso desnacionalizador, hijo de la ingeniería social más sofisticada, ha conseguido lograr en pocas décadas el sueño que el Conde Kalergi planeó en 1920: el fin de la Europa de los europeos.

La historia ha de servirnos de recordatorio de lo precaria que es la situación, nuestros enemigos nos pisan los talones y no cejaran en su vil empeño hasta vernos cautivos, desarmados y aniquilados. Debemos lograr que no se vuelva a repetir la caída de Occidente, ya que de así suceder, esta vez será de forma definitiva. La pregunta que os realizo es lo siguiente:

¿Lucharéis por evitarlo?

En vuestras manos queda el futuro de Europa, no falléis a los niños blancos que están por venir.

Patriotismo a la española

Los cobardes militan en la izquierda progresista o la derechona liberal, mientras que los valientes hijos de la patria combaten en su nombre, en las filas del nacionalismo identitario. Esto es así porque nosotros no tenemos miedo de dar la vida por nuestra tierra, mientras que a los primeros la supervivencia o no del país, les es totalmente indiferente.

Cuando en tiempos de penuria los tiranos ostentan el poder, suelen perseguir a la élite moral e intelectual de su propio pueblo (*patriotas*). De entre la masa de desarropados que permanecen con la mirada clavada al suelo, por temor de enfadar a su amo, solo unas pocas voces son las que se alzan para hacer frente a la injusticia: esos son los verdaderos patriotas. Cuando un ejército extranjero avanza altanero arrasando los campos y quemando las aldeas, quienes acuden al campo de batalla para plantarles cara, casi de un modo suicida, son los patriotas. Los guardianes de la historia y tradición de las naciones occidentales, son los patriotas. Quienes anteponen el bienestar general a su propio interés personal, son los patriotas. En definitiva, los patriotas son el elemento más valioso y preciado de cualquier sociedad, aunque a veces pueda parecer totalmente lo contrario.

Muchos se cuestionarán que los patriotas seamos eso y más, ya que en la mayoría de las ocasiones la gente normal nos rechaza, dependiendo de la época y nación que se tome como ejemplo. No es lo mismo hablar de la orgullosa Hungría de Viktor Orban, de la paupérrima Grecia de Amanecer Dorado, la antieuropea Inglaterra del UKIP, la mestiza y arrabalesca Francia del Frente Nacional, del nuevo turco-reich de la comunista Merkel en el que el NPD sobrevive a duras penas, la siempre católica Polonia del partido Ley y Justicia o el reino de taifas político-social que domina la escena patriota española. Como soy un orgulloso hijo de nuestra piel de toro, en este apartado me ocuparé en concreto de lo que está ocurriendo en nuestra querida España.

La antaño aguerrida y altanera España, la misma que resistió de forma estoica durante siglos los envites de invasores bereberes, piratas túrquicos, ejércitos afrancesados y continuas conspiraciones ideadas por la pérfida Albión; se encuentra en la actualidad secuestrada por separatistas, tecnócratas liberales, pijo-progres y un monarca amanerado. Incluso las Fuerzas Armadas que deberían velar por la integridad de la patria, se cruzan de brazos con total indiferencia mientras todo salta por los aires. No corren buenos tiempos en la agotada nación íbera, en la que muchos han tenido la suerte de nacer.

El trauma y la división que la Guerra Civil generó en la psique de los españoles, todavía perdura ochenta y un años después. Está claro que las secuelas de un conflicto que enfrentó a padres contra hijos, a vecinos de toda la vida o a hermanos de sangre, no son tan fáciles de borrar de la memoria colectiva. Da igual que fuesen rojos o azules, cristianos o ateos, falangistas o anarquistas, la historia real nos ha demostrado que en la Guerra Civil ningún bando salió ganador, sino que perdieron todos los españoles. Los únicos que sacaron provecho de los bombardeos, fusilamientos en masa, quema de escuelas e iglesias, persecuciones, expolio del patrimonio público y el robo del oro que permanecía guardado en las cámaras acorazadas del Banco de España; fueron los mismos entes que se encargaron de que el conflicto estallara: la masonería internacional. Franco, Lerroux, Azaña, Largo Caballero, Carrillo o Gil Robles fueron simples muñecos de paja que representaron su papel, algunos durante cuarenta años, con más o menos fortuna. Si ellos se hubiesen negado a participar en aquella sangrienta farsa, que costó un millón de muertes, otros peones políticos hubiesen acudido prestos a ocupar su lugar, para así congraciarse con la masonería.

Cíclicamente en nuestro país se avivan los odios de manera artificial. Pese a que está más que probado que durante la contienda civil fuimos un mero campo de pruebas, de las armas que se iban a utilizar durante la Segunda Guerra Mundial, algunos todavía enarbolan la mentira de que aquí se luchó por la libertad y contra el fascismo. Tan solo los fanáticos o aquellas personas cortas de miras defienden que el enfrentamiento de ideologías era inevitable, cuando en verdad se trató de una conspiración económico-bélica por parte de los poderos fácticos. Aunque hubiese triunfado el Frente Popular los ganadores iban a seguir obteniendo los mismos réditos, de tanta sangre derramada en el suelo de nuestra nación. No voy a negar que en cierto sentido existía un sustrato partidista, que alimentó los desmanes que ambos bandos cometieron durante la contienda. Pese a ello, me resisto a aceptar las tesis simplistas que resumen la Guerra Civil Española como: fascismo vs comunismo, la dictadura azul contra la libertad roja. Aceptar esto es falsear la verdad, además de suponer un insulto para las víctimas.

Conviene recordar que entre 1833 y 1936, poco más de un siglo, España ya había sufrido varias sublevaciones militares, motines y quema de aldeas. El carácter temperamental del que hace gala el español medio, junto con la ignorancia endémica y la pobreza, sirvieron de caldo de cultivo para que los terratenientes caciques, la parasitaria monarquía de los Borbones, sátrapas corruptos, el avaricioso clero y la siempre dispuesta masonería internacional, utilizaran la rabia e insatisfacción del pueblo en su propio beneficio. Ya fuera para eliminar a algún rival político, finiquitar los movimientos obreristas, mantener los privilegios dinástico o darle el golpe de gracia al famélico Imperio Español; se sacrificaron miles de vidas por los espurios intereses de unos pocos. Julián Marias define a la perfección este hecho en su libro *"Los españoles"*:

"El español ha sido siempre uno de los hombres más fácilmente dispuestos a jugarse la vida, pero tiene pereza para jugarse algo que sea menos importante que la vida"

Sabedores de nuestra tendencia a llegar a las manos, los sucesos de 1936 no fueron más que una respuesta lógica a lo que se venía cociendo. Nada se fue de madre, todo estaba atado y bien atado por la masonería, y por eso terminamos embarcados en una cruenta Guerra Civil que desangró a la nación. Monárquicos, socialistas, republicanos, falangistas, anarquistas, derechistas, comunistas y bandoleros de toda la vida se apuntaron a la refriega, buscando hacerse con el trozo más jugoso y rentable del pastel español, sin importarles a cuántos inocentes terminarían llevándose por delante. Por si entre todos no tuviesen la capacidad suficiente para matar civiles y destruir la nación, encima invitaron a países extranjeros y reclutaron mercenarios para desatar la carnicería entre los asustados españoles. Moscú, Londres, Berlín o Nueva York no perdieron la oportunidad de unirse a la fiesta y acudieron gustosos al macabro baile.

Como ya sabréis al final triunfó la opción menos mala, que no la correcta, y ésta se mantuvo cómodamente durante cuarenta años en el poder. La figura de Franco suele levantar los mismos odios que pasiones entre su propio pueblo. Para algunos el Caudillo fue un héroe ungido por la gracia de dios, mientras que para otros representa a un tirano fascista que sumió a España en el ostracismo internacional durante décadas. ¿Qué hay de cierto en ambas afirmaciones? Pues muy poco o casi nada. ¿Quizás son comentarios hechos por lame botas de uno u otro bando? Esto sí que es más que cierto.

Francisco Franco fue un buen militar que supo dar los pasos adecuados, en el momento oportuno. Carecía de atractivo físico, no era carismático, su voz de pito iba en consonancia con su cuerpo enjuto y sobre todo no tenía ideología alguna más allá de la disciplina castrense. Pese a todos los hándicaps que arrastraba, logró sobrevivir a su más cercano rival: José Antonio Primo de Rivera. Se convirtió en líder de la Falange, sometió a carlistas, monárquicos y derechistas. Su mayor gesta fue la de vencer a los rojos, partiendo de una situación de extrema desigualdad. Estos fueron algunos de sus puntos fuertes, los cuales a su vez, dieron lugar a las sombras de su régimen.

Muchos patriotas no le perdonan el hecho de que al poco del triunfo sobre las hordas republicanas, abandonara la revolución nacional sindicalista. Tampoco olvidan como entregó el poder a los tecnócratas del Opus Dei por puro tacticismo. Y qué decir de su morofilia, al permitir la entrada de tropas bereberes en la península. Jugó a dos bandas durante la Segunda Guerra Mundial, traicionando a amigos y enemigos, dejando claro que no era para nada de fiar. En el plano económico también cometió muchos gazapos que lastraron la recuperación postconflicto. La autarquía nos atrasó décadas con respecto a las otras naciones europeas. Lo más indignante de todo es que durante su mandato la familia Franco se enriqueció hasta límites obscenos, gracias a todo lo que expoliaron al pueblo español. Más le hubiese valido a él y a su mujer Carmen Polo "*la Collares*" tomar nota de su vecino portugués, el austero y humilde dirigente: el doctor Oliveira Salazar. A diferencia de lo que ocurre con el Caudillo de las Españas, la mayor parte del pueblo portugués todavía añora con tristeza y venera a la figura del padre del Estado Novo.

Supongo que ahora es cuando algunos os dejaréis llevar por vuestra vena de hooligans de la política y me tildaréis de: blasfemo, rojo, traidor y demás cariñosos apelativos, por haber osado criticar a vuestro líder. Ni que me hubiese puesto a cantar la famosa cancioncilla infantil que decía: *"Franco, Franco tiene el culo blanco"*. Dejadme deciros que el culto al líder nunca ha sido síntoma de pensamiento crítico e independiente. Francisco Franco fue uno de tantos hombres que ha ostentado el poder, pero por encima de su figura está algo más valioso e importante: España. Los personalismo hacen más mal que bien a nuestra causa y a continuación os diré el por qué.

Cuando un jefe, líder, gobernante o caudillo se olvida de proteger, instruir, servir y esperanzar a su pueblo, es normal que al final gran parte del mismo lo termine rechazando. No solo de comida vive el hombre, el ser humano necesita alimentar su espíritu con algún noble ideal que le permita sentir que no ha malgastado su vida. El problema de los que buscan ser héroes, de aquellos que necesitan sobresalir del fango de la mediocridad en el que se reboza la anodina masa, quienes quieren ser recordados por las generaciones venideras; es que a la larga reniegan de los que tienen peor suerte. Yo no culpo a la gente que quiere dejar su impronta en este mundo, es lógico en cierta forma, yo actúo igual cada vez que publico uno de mis libros. Las grandes gestas y logros de la humanidad han sido impulsados por este mismo sentir, el cual ha empujado a unos pocos soñadores a ir más allá de sus límites. La religión, la ideología o directamente el amor son las tres principales fuentes que nutren a los aventureros, a los espíritus indomables, a los políticamente incorrectos, y eso es algo que Francisco Franco quiso evitar. Todos iguales, todos mediocres.

Ya fuera por pereza ideológica o simplemente por envidia, el régimen nacional católico franquista permitió que el pueblo se desconectara del espíritu patriota y viceversa. El falangismo ideológico se había quedado huérfano tras el asesinato de Onésimo Redondo, Ramiro Ledesma y de José Antonio Primo de Rivera, por eso cuando Franco lo adoptó, no supo o no quiso cuidar adecuadamente de su retoño nacional-revolucionario. Esto ocasionó que tras el final de la Guerra Civil los españoles se encontraran con sus hogares destruidos, el hambre llamando a sus puertas y con el corazón vacío de toda esperanza.

El permitir que la iglesia, los terratenientes y demás vividores camparan a sus anchas por la desolada piel de toro, oprimiendo a los más humildes y desarrapados, tampoco ayudó a avivar la llama patriota entre la Clase Trabajadora. Y qué decir de cuando traicionando a sus antiguos aliados y a los principios del Alzamiento Nacional, el gobierno franquista optó por mirar hacia otro lado en la guerra contra la Rusia soviética de Stalin, abandonando a la División Azul a su maltrecha suerte.

La sobreindustralización de Vascongadas y Cataluña para ganarse a la burguesía pro-independentista de esas zonas, supuso un desprecio claro y sin paliativos hacia el resto de las regiones patrias, sobre todo para la antigua y agotada Castilla. Con este tipo de políticas lo único que logró Franco fue dotar de una inmensa fortuna a los enemigos de la idea de España, además de desilusionar a los pocos adeptos sinceros del régimen. Pero la peor traición que cometió fue la de permitir la vuelta al trono de los Borbones, esa estirpe de sanguijuelas afrancesadas a las que nunca les interesó, ni lo más mínimo, los problemas cotidianos del español medio. Con este tipo de políticas y decisiones, a cada cual más desafortunada, fue como Franco y sus lameculos lograron que cuarenta años en el poder no sirvieran para nada.

Falsamente desde el bunker franquista nos dijeron que tras la muerte del Caudillo: todo quedaría atado y bien atado, cuando los hechos vinieron a demostrar todo lo contrario. En un tiempo record se legalizó a los comunistas, los movimientos patriotas se desintegraron, el separatismo se envalentonó y comenzó a matar con más saña, se destruyeron aquellos símbolos que recordaban la victoria de 1939 y los socialistas de Felipe González establecieron su califato andaluz durante casi dos décadas. Con la llegada del Partido Popular de Aznar se llevó a cabo una serie de voraces políticas privatizadoras y reconversionistas, gracias a las cuales se consiguió desintegrar el tejido productivo del país. Los ocho años del PSOE de Zapatero terminaron por hacer buenos a sus antecesores. La incapacidad de su ejecutiva para hacer frente a la crisis que todavía hoy nos golpea, sumada a su sectarismo ideológico de tintes izquierdistas, logró que España pasase a ser un país del Tercer Mundo en la escena política internacional. Como recuerdo del despropósito que supuso el desgobierno zapateril nos quedan: la discriminadora ley de Violencia de Género destinada a agradecer el sectario apoyo del lobby feminista, y la absurdez de la Alianza de Civilizaciones, la cual sirvió de Caballo de Troya para facilitar la posible adhesión de Turquía en la UE como miembro de pleno derecho.

De la actual ejecutiva del gobierno del Partido Popular, presidido por el insulso percebe de Mariano Rajoy, poco bueno se puede decir. El independentismo vasco y catalán está a un paso de proclamar la independencia unilateral de sus respectivas regiones, el comunismo ha vuelto con más fuerza que nunca a la escena pública bajo el manto morado de Podemos, los poderes fácticos controlan las políticas que se llevan a cabo, nos hemos convertido en un estado bananero cuyo único tejido industrial es el sol y la playa, los Borbones siguen chupando del bote y lo más vergonzante, somos un país en el que es casi delito lucir la enseña nacional. Como veis desde la muerte de Franco, las cosas en España no han hecho sino que empeorar.

Y si todo va tan mal: ¿por qué la alternativa patriota no termina de despegar? ¿Es qué acaso el pueblo español prefiere vivir en la indigencia económica e ideológica, antes de optar por alcanzar un mañana mejor dándonos su apoyo? La verdad es que a veces parece que sí, pero tampoco quiero pecar de pesimista. Viéndolo con un poco de perspectiva y objetividad debo decir que el principal problema somos nosotros, los patriotas. No hemos sabido hacer atractivo nuestro mensaje a la hora de vendérselo al gran público. Todavía seguimos anclados en un glorioso pasado que ya no volverá y del cual solo quedan pétreos edificios que sirven de polvorientos museos, en los que cazar pokemons. Muchos se han negado a despojarse de la ajada camisa azul, parda o negra y a adaptar sus formas de hacer política, vistiendo de acorde a los nuevos tiempos.

¡Cuidado!, aquí nadie incita a traicionar los nobles ideales que cada uno pueda tener, simplemente hablo de alejarnos de ciertos dogmas, estilos o tics que solamente causan miedo, risa o repulsión entre aquellos a los que pensamos dirigirnos. Pondré un ejemplo la mar de sencillo:

"Si te acercas a un padre o una madre, cual testigo de Jehová, a hablarle del Holocausto y la conspiración judeomasónica, lo primero es que te tomará por un siniestro loquillo, además de que probablemente

tampoco le interesará lo que tengas que decirles. Incluso algunos huirán de ti como alma que lleva el diablo".

Realmente es razonable esta reacción, yo si no fuera un deslenguado y mordaz escritor identitario, también haría lo mismo. Cada cosa tiene su tiempo, forma y lugar por eso hay temas que es mejor solo hablarlos, debido a su farragosidad, con quienes sepamos a ciencia cierta que le van a importar. Lo idóneo es acercarnos para interesarnos por sus problemas e inquietudes y ver qué soluciones podemos ofrecerles desde nuestro punto de vista ideológico. Sencillo, ¿verdad? Pues algo tan simple como empatizar con el prójimo, hemos sido incapaces de aplicarlo de manera efectiva.

La amalgama de siglas y asociaciones patrioteriles que se reparten por España, no se han preocupado hasta la fecha de los problemas de la gente común, de ahí sus pésimos resultados. Lo bueno es que en los últimos años algo de aire fresco ha entrado en la viciada y pestilente habitación del movimiento patriota, y las cosas han comenzado a cambiar. Nuestro error más letal ha sido centrarnos en temas exclusivamente político-bélicos, dejando de lado el activismo social del cual la extrema izquierda se ha apoderado. Para hablar y convencer de nuestra verdad sobre la Guerra Civil, la Reconquista, la Segunda Guerra Mundial, el Nacional Socialismo o los crímenes comunistas, primero hemos de asegurarnos que los españoles disfrutan plenamente de sus derechos y tienen aseguradas sus necesidades más básicas. Sin trabajo, pan y posibilidades de alcanzar un futuro digno, a la mayoría les importará tres pepinos si Hitler tenía o no razón. Que cada cual profese la ideología que quiera, pero no debéis olvidar que el objetivo común de: fascistas, falangistas, nacional socialistas, nacional revolucionaros, defensores del white power o activistas identitarios, es el de asegurar la existencia de nuestra patria y raza.

Hay que dejar de lado el hooliganismo político, partirte la cara con otros patriotas solo por ser de un partido del área diferente, ciudad o equipo de futbol rival, es patético a la mar de deprimente. Estas nocivas actitudes son mucho más comunes de lo que se piensa. Los militantes de los menguantes partidos patriotas se atacan mutuamente y se acusan de ser: chivatos a sueldo del CNI, Hollywood nazis, fachas hispanomesticista o pagadores de chalets, causando la risa y el jolgorio entre nuestros verdaderos enemigos. Ni decir tiene que polémicas tan dañinas espantan a nuestros posibles votantes. Quién va a querer sumarse a un proyecto que ya está fragmentado, antes de echar a andar. Únicamente cuando las viejas momias patriotas desaparezcan de la escena pública, sus partidos se fusionen o se extingan y las bases de los mismos se den cuenta de que sumando somos más, podremos hacer algo realmente útil para nuestra patria.

No me gustaría terminar sin avisaros de otro tipo de quintacolumnistas, que boicotean desde dentro el resurgir nacional por puro egoísmo y desmedidas ansias de protagonismo. Es fácil reconocerlos, el tufo de su pestilente pedantería puede olerse a kilómetros. Se creen poseedores de la verdad absoluta, no admiten que les lleven la contraria, critican cualquier iniciativa que les robe poder y nunca los veréis salir a la calle a arrimar el hombro en la lucha, si no hay una cámara de la Sexta delante. Seguro que alguna vez habréis tenido la mala fortuna de toparos con alguno de estos cansinos elementos en grupos de: whassap, facebook, twitter o cualquier otra red social que esté de moda. Tratar de dialogar con ellos es como hablar con un perroflauta, ningún argumento les hace bajarse de la burra por muy equivocados que estén, si no es a su modo no les vale.

Si las cosas fuesen de otra manera con ignorarlos bastaría, pero con el patriotismo español tan debilitado, lo último que necesitamos es más iluminados que nos dividan solo por tener su cochino y egoísta minuto de fama. Además, suelen rodearse de un montón de niños o pre-adolescentes a los que adoctrinan con su deformada visión del panorama patriota, creando así su mini secta particular en la que el dogma principal consiste en: un obsesivo culto al líder. Cuántos muchachos y muchachas se han desviado de la senda correcta del patriotismo, por culpa de estos charlatanes que prometen en vano liberar a España. Supongo que el tiempo pondrá a cada uno en su lugar y al igual que le pasará a los progres del: *"refugiados welcome"*, cuando llegue el momento estos quintacomlunistas pedantes serán juzgados por sus crímenes ideológicos.

Y bien, ¿qué podemos sacar en claro de lo expuesto? Digamos que todavía nos queda mucho camino por andar, si queremos llegar a ocupar las mentes y los corazones del pueblo español. El pasado puede servirnos de espejo en el que mirarnos cuando nos encontremos ante una encrucijada vital, pero sin llegar a quitar la vista de los problemas del presente. Todos somos necesarios en esta lucha, pero recordad que nadie es imprescindible. Ninguna persona está por encima de sus correligionarios, ya sea político, escritor, lideresa de un hogar social o conferenciante, el elitismo clasista es enemigo del ideal patriota.

No olvidéis que el futuro de España depende de lo que quieran los españoles. El mañana no nos pertenece, el mañana hay que ganárselo.

Mujeres: guerreras, madres y compañeras

Muchas mentiras se han escrito hasta la fecha, respecto al papel que ha ocupado y ocupa la mujer dentro de la ideología patriota. Por norma general, los mercenarios encargados de expandir este tipo de bulos, suelen ser plumillas a sueldo del pensamiento progresista dominante. A nadie le sorprenderá a estas alturas saber que la izquierda mediática miente. Si hay algo tan antiguo como el fuego, es el odio que siente la progresía por todo aquello que evoque a la patria, aunque sea levemente. No son capaces de soportar que el pueblo decida, libremente, optar por defender y cuidar la tierra que los vio nacer a ellos y a sus ancestros.

Que nuestro mensaje consiga calar en los corazones del género femenino, es algo que les saca de sus casillas de manera enfermiza. Ahí es cuando utilizan toda su maquinaria propagandística, con la que disparan su perniciosa demagogia informativa, para amedrentar a las mujeres que se nos acercan. La principal y más poderosa de todas las mentiras de las que se valen para apartar a la mujer de la senda del patriotismo, es la utilización del fantasma del patriarcado como llamativa cabeza de turco. Dicen que a río revuelto ganancia de pescadores, por ello alientan el enfrentamiento de hombres y mujeres hasta el punto de conseguir crear una artificial lucha de sexos, que les permite llenar el cupo de mujeres adeptas a la secta apátrida-izquierdista.

Se sienten predestinados a guiar a las mujeres en una loca y suicida huida hacia delante, que no conduce a ninguna parte, bajo la excusa de estar librándolas del inexistente yugo del patriarcado occidental. Ya militen en el bando feminista, en los lobbys gays, partidos de corte bolivariano o directamente en grupúsculos de perroflautas marginales; cada una de las incautas que cae bajo las redes de esta mafia internacionalista, ya nunca regresa al vientre materno de la patria.

En el mágico mundo progresista que estos rabís de la tergiversación ofrecen, no hay cabida para el honorable sentir nacional. Resulta paradójico que la gente que se denomina como izquierdista, la cual suele cacarear a todos horas sobre lo tolerantes y super respetuosos que son con otras creencias e ideologías, sea la primera en encender la hoguera en la que queman a todos los que no comulguen con sus trasnochados dogmas hipiescos. En sus algaradas callejeras siempre lucen todo tipo de eslóganes buenistas en sus pancartas, tratando de vender una imagen que se aleja notablemente de la realidad. Cuando alguna oveja descarriada se sale del redil de la corrección política, sobre todo cuando ésta pertenece al género femenino, hacen gala de un sexismo recalcitrante al acusar a la indómita fémina de: dejarse llevar por las bajas pasiones de su entrepierna, de ser una ignorante, una puta traidora al servicio del patriarcado, y mil y un improperios más. La humillación pública sirve de advertencia para todas aquellas mujeres que se han cansado de ser marionetas de los poderes fácticos: *"no saldrán indemnes si quieren abandonar esa secta, para abrazar la causa patriótica"*.

El pernicioso espíritu de la desafección al sentir nacional les es inculcado, tanto a los hombres como a las mujeres occidentales, desde la más tierna infancia. Este sistema deshumanizador impide que nadie pueda sentirse parte de nada, así logran que el tiempo se mantenga estático y que el poder se quede en manos de unas pocas y privilegiadas familias, las cuales llevan gobernándonos desde hace siglos. Para que existan amos que manden deben crearse esclavos que los sirvan, por eso tratan de impedir a toda costa que las mujeres escuchen las gloriosas y emancipadoras notas del épico cantar nacional revolucionario. Pocas féminas son conscientes de cómo el sistema las mantiene cautivas. Las han engañado, manipulado y utilizado de tal forma, que se han llegado a creer que los poderes fácticos dominantes velan por ellas.

Los enemigos de la identidad nacional hacen y deshacen a su antojo la amalgama de grupúsculos femeninos/feministas, con los que boicotean cualquier tipo de opción o militancia que se aleje de los criterios que ellos han predeterminado con antelación. Los siervos o en estos casos las siervas, por ejemplo Femen, se sienten perfectamente cómodas e integradas en el fango opresor que mantiene sus exclusivos privilegios. Los activistas de la anti-patria tratan de trastocar los valores y las mentes de las occidentales, vomitándolas constantemente eslóganes del tipo: "*nosotras parimos nosotras decidimos*", "*rosarios fuera de nuestros ovarios*", "*machete al machote*",… Les dicen que para ser mujeres modernas y liberadas han de: beber, fumar, drogarse, tener una vida sexual promiscua (*preferiblemente de carácter lésbico*) y sobre todo cortar cualquier tipo de nexo, por pequeño que éste sea, con la idea de patria y familia.

Cerrar los ojos ante el problema solo ayuda a empeorar las cosas, ya que sin mujeres de nuestro lado no habrá revolución posible. El sistema se ha encargado de deconstruir el sentir patriota, hasta hacerlo aborrecible para el paladar de las féminas. Sus mentiras sociobiológicas han logrado conquistar los cuerpos y las mentes de las occidentales, valiéndose de la lucha feminista.

El feminismo es antipatriota por naturaleza, por eso todo lo que tiene que ver con la patria les produce sarpullido. Sus militantes son tontas útiles que no cuestionan los agresivos dogmas de su ideología totalitaria. Si alguien osa hablarles de patriotismo entran en modo autista, ignorando cualquier tipo de argumento razonable que puedas darles. La razón es algo secundario cuando uno debate con los aliados de la discriminación de género. A este sectario grupúsculo únicamente le interesa mantener su estatus de pijos-revolucionarios, lo cual solo es posible apartando a las mujeres de los hombres y también de la patria. Bajo su sectario punto de vista nada que no sea feminista tiene derecho a existir (*Dios, Nación o Familia*), en este inmenso gulag en el que se ha convertido el Occidente moderno.

Valiéndose de simples y repetitivos argumentos de claros tintes masónicos, culpan a la nación de todos los males, incluso de sus fracasos sentimentales. Y es que parece que todo vale a la hora de tratar de estigmatizar al contrario, aunque éste sea un ente impersonal que no puede defenderse. En la Turquía de Attaturk se señaló a los armenios como agentes dobles aliados de Rusia, en la Sudáfrica actual los negros masacran a los granjeros blancos bajo el falso pretexto de estar luchando contra un supuesto apartheid, en la Alemania del III Reich se criminalizó y caricaturizó al judío hasta límites insidiosos, en el Israel del siglo XXI se trata a todos los palestinos como bestias a las que pueden maltratar cuando les apetezca y mientras tanto en el decadente y aburguesado Occidente, la Patria es el enemigo a batir por los supuestos adalides de la liberación femenina.

Por desgracia las mujeres patriotas son una minoría en todos los campos, dando igual la posición socio-económica que ocupen o la profesión que examinemos. Tampoco es menos cierto que es entre las féminas que estudian o ejercen profesiones liberales, en las que prende con mayor facilidad la biliosa lumbre del antinacionalismo. Esto es debido a que durante su etapa como estudiantes universitarias se las ha programado para deglutir, sin paladear, los amargos dogmas del internacionalismo multiculturalista. La ideología de género ha convertido a los institutos y universidades occidentales, en pestilentes mataderos de la inteligencia y del pensamiento autónomo. Dentro de sus grafiteadas paredes no hay lugar para la crítica o disensión hacia el mensaje dominante, si quieres contar con el beneplácito de las instituciones has de permanecer callado e ignorante.

Según su sectaria teoría, para alcanzar la igualdad entre hombres y mujeres primero hay que derribar todo lo anterior. Para atraer a las mujeres al lado oscuro del antipatriotismo, el feminismo les vende hábilmente las ventajas que tiene el centrarse, en exclusiva, en los intereses egoístas de género. Son incontables las campañas manipulativas que enganchan a miles de jóvenes incautas al grito de: *¡uníos al feminismo y destruyamos juntas el orden natural de las cosas!*. Sorprendentemente este vacío y simplista mensaje cala hondo entre la masa, al fin y al cabo, cómo no va a triunfar el antipatriotismo en una Europa tan hedonista. En resumen: *el beneficio personal se impone al interés general y así nos va como nos va.*

Habrá quienes opinen tras leerme que simplemente estoy exagerando, que soy un machista charlatán, un defensor del patriarcado y que no hay nada de malo en abandonar los antiguos y nobles valores patriotas, para abrazar la causa internacionalista. Debéis saber que esas mismas personas no dudarían en dejaros en la estacada, a la primera de cambio, cuando el día de mañana dejéis de serles útiles. Lo bueno es que como ocurre con las monedas la vida también tiene dos caras y por suerte, todavía queda una comunidad de insurrectas que planta cara a las legiones de las apátridas globalistas.

Sin importarles el qué dirán, las corajudas féminas que militan en el movimiento nacionalista lo hacen convencidas de mente y corazón, sin temor a ser señaladas en las calles por las barriobajeras feministas. Y es que si los hombres identitarios lo tenemos difícil, he de decir que cuando se es mujer, el optar por el camino del patriotismo se hace aún más cuesta arriba si cabe. Una vez han tomado la decisión de romper con los estereotipos ideológicos que el sistema les ha impuesto desde su nacimiento, comienzan a sentir la presión grupal que, por normal general, ejercen las matonas feministas. Insultos, amenazas y agresiones físicas son el pago por negarse a seguir malviviendo ciegas, sordas y mudas en el manicomio progresista que es la Europa actual.

Viendo el desolador panorama que se abre ante nuestros ojos conviene preguntarse: ¿cómo llegan las mujeres entonces a la senda del nacionalismo? Podríamos decir que en algunas el espíritu nacional arde casi desde su nacimiento. Si tienen la suerte de haber venido al mundo en el seno de una familia con principios y valores, ésta se encargará durante la niñez de alimentar sus inquietudes intelectuales, pero también espirituales. Con esto se consigue que una vez que esos mismos jóvenes se hacen adultos, transmitirán a la generación siguiente lo mismo que han mamado desde pequeños.

Ésta es la segunda razón que lleva a las mujeres a elegir nuestro camino: la maternidad. No hay bien más preciado que los hijos, uno lo daría todo por ellos, incluso la vida. Por su bienestar somos capaces de hacer cualquier sacrificio. Hasta que uno no es madre o padre, es incapaz de comprender el poderoso lazo afectivo que te une a ese pequeño ser que lleva tus genes. Una vez lo tienes entre tus brazos sientes su fragilidad y por ello te dices a ti mismo que lo defenderás de todo mal, y que mayor mal hay en la actualidad que el feminismo. Muchas mujeres modernas sufren una crisis existencial cuando dan a luz, al plantearse si el egoísmo de género que predican las fanáticas feministas, ayudará en algo a conseguir un mundo mejor para su retoño. Las féminas más avispadas y despiertas no tardan en darse cuenta de que no es posible alcanzar una sociedad más segura, justa e igualitaria si a la vez se defiende un modelo ideológico, que arrebata la libertad al individuo y censura las relaciones heterosexuales.

Mientras impere sobre la masa el sectario criterio de unos líderes decadentes, a los que su patria y pueblo no les importan ni lo más mínimo, debemos seguir combatiendo. Y es aquí donde surge un tercer tipo de mujeres nacionalistas y son aquellas que siendo conocedoras de la paupérrima situación de la tierra que las vio nacer, deciden remangarse y pelear por ella. Ya sea militando en un partido político, pateando las calles repartiendo propaganda, dando su voz para los grupos musicales de RAC o su cara y oratoria en alguna charla; este tipo de compañeras lo da todo por la causa. Exponerse de esta forma tan abierta tiene su lado negativo y por desgracia este humilde escritor sabe de lo que habla, por eso es digno de loar como se merece la labor que ejercen. Algunas terminan abandonando vencidas por la presión, eso es algo con lo que debemos contar, pero una gran mayoría resiste mostrando al mundo que son patriotas convencidas.

Todas estas mujeres son las que hacen grande a nuestro movimiento. Sean madres, hijas, abuelas, tías, hermanas o nietas las que levantan la voz para enfrentarse a este tiránico régimen totalitario, merecen nuestro más absoluto respeto.

A sabiendas no he nombrado en este apartado a ninguna Evita, Isabelina o Pilarica, ya que por muy Braun, Católica o Primo de Rivera que sean no son mejores, ni han de ser más importantes, que el resto de féminas que militan o han militado en las filas patriotas. Los personalismos históricos son cosa del pasado y como bien he mencionado en el prólogo de esta obra, el espiritismo patriota no sirve para nada salvo para dejarnos en evidencia. Están muertas, fin, ya no volverán. Toca pasar página y centrarnos en el amargo presente que estamos viviendo.

No me gustaría terminar sin dejar claro que: el patriotismo femenino no debe servir como vía de escape de una vida difícil. Tampoco ha de ser el medio con el que lograr alcanzar intereses espurios y mucho menos ha de servir como plataforma cívica de ligoteo. No se puede dar manga ancha a nadie, por muy bonita que sea su cara o la voz melosa y cautivadora que pueda tener. Tan culpable es el ladrón que roba, como el que se queda a vigilar a la puerta. Los pagafantas, los papanatas, los mediocres sin personalidad son los tontos útiles perfectos de los que algunas crápulas se aprovechan. Quienes así actúen, por acción u omisión, han de ser apartados de inmediato del grueso de la comunidad para que no terminen influenciando al resto de los miembros.

¿Qué conclusiones podemos sacar de lo aquí expuesto?

- El feminismo es el principal enemigo del patriotismo femenino.

- El sistema no quiere y tampoco le interesa que las mujeres militen en el bando nacionalista.

- A las mujeres se las presiona y condiciona desde pequeñas para que consideren arcaico, machista y patriarcal todo lo que tenga que ver con la defensa de la patria.

- La educación es fundamental a la hora de volver a reimplantar el espíritu nacional.

- La maternidad y la crianza responsable son otra forma de activismo patriota.

- Evitar personalismos y el culto a figuras históricas favorece la implicación de todos los miembros.

- El movimiento patriota no ha de ser el refugio de inadaptadas o el medio que ayude a conseguir los sueños de grandeza de personas poco comprometidas.

Dicho esto, creo que es mi obligación el enviar un mensaje de ánimo a nuestras camaradas femeninas y es el siguiente:

"Resistid hermanas, resistid. Las generaciones venideras dependen de vuestro grado de implicación, sois fundamentales en la lucha por la supervivencia de Europa y de la raza blanca. Juntos, los hombres y mujeres patriotas lograremos forjar en igualdad un mañana mejor".

El ayer, hoy y mañana del hombre nacionalista

Pese a lo que algunos puedan creer, el patriotismo no es intrínseco ni exclusivo de la conciencia masculina. Sí, sé que a simple vista es fácil darse cuenta de que la desigual proporción entre el género masculino y el femenino dentro de nuestras filas, puede llegar en algunos casos a ser de veinte a una. Muchas veces cuando uno acude a todo tipo de eventos de carácter identitario (*conferencias, manifestaciones, solsticios o conciertos),* puede percibir el poco magnetismo que tiene nuestro discurso a la hora de ganarse a las mujeres. ¿A qué se debe esto? ¿Acaso los hombres estamos genéticamente marcados para luchar, mientras que nuestras compañeras únicamente han de desempeñar el papel de amantes y abnegadas cuidadoras del guerrero patriota? Nada más lejos de la realidad. Si esto fuese cierto y cada hombre occidental estuviese programado para pelear como una máquina, no existirían los hipster, los perroflautas, emos o esos afeminados pijo progres de peinado a la cazuela y gafa de pasta, que miran hacia otro lado cada vez que escuchan a alguien insultar a la patria.

El ser humano no puede vivir sin guerrear, me atrevería a afirmar que destruir a nuestros congéneres es una característica innata de nuestro ser. Los pacifistas come flores defensores del decadente mensaje de Woodstock, dicen que las naciones y las fronteras son el origen de este continuo derramamiento desangre. Cacarean que si no existiese la propiedad privada y todo fuese de todos, la paz reinaría en el mundo. Ésta es una de las mentiras más utilizadas por los enemigos del patriotismo, para tratar de desprestigiarlo. Cuando no funciona su mantra de *"paz y amor"* recurren a culpar a ese malo invisible que es el patriarcado, para castrar el espíritu nacional en los varones. Otra de sus tácticas consiste en demonizar la masculinidad de los hombres, mientras les exigen que depongan las armas y que abracen su lado femenino. Qué estúpidos son aquellos que se tragan estas monsergas progresistas y tratan de deconstruir su identidad. Por desgracia millones de occidentales lo han asumido e interiorizado como una verdad universal. Al asumir su rol de machos beta aceptan también la destrucción de su civilización, mediante un suicidio étnico-nacional.

Basta con medir el nivel de feminización de los hombres blancos, para percibir el grado de descomposición de la idea nacional. Desde mediados de los años cincuenta del pasado siglo XX, el decadente Occidente comenzó a dar a luz, al principio solo en las cloacas de las ciudades, a un tipo de vástago cada vez más corrompido y sobre todo menos viril: el hombre moderno. Poco tiene en común este engendro afeminado con sus rudos ancestros: ni honor, capacidad de liderazgo, fuerza o valor. Ateniéndonos a su mediocre currículo es lógico que el entregar la vida por la patria y por el bien común, no esté entre sus prioridades más inmediatas. No sorprende que seres andróginos de voz afeminada, bisexualidad palpable e inteligencia cuestionable, se postren de rodillas ante las hordas invasoras que arrasan Europa. Prefieren vivir subyugados bajo el poder de unos cetrinos delincuentes, a armarse de coraje y combatir por lo que es suyo, por su tierra y nación.

Para los enemigos de Occidente y por ende de la raza blanca, estos nuevos ciudadanos de un lugar contaminado llamado mundo, son los siervos perfectos. Logrando fomentar por todos los medios la crianza de los mismos, se aseguran la caída de Europa. Los Amos del Pensamiento sonríen, de oreja a oreja, ante el goloso panorama. Decenas de antiguas naciones blancas se encuentran indefensas y listas para ser expoliadas, gracias a que los hijos de Europa se han negado a defenderlas. Es la ley natural de la oferta y la demanda, millones de individuos andan buscando nuevos lugares en los que asentarse y nosotros les hemos abierto las puertas de Europa de par en par. Solo hay un pequeño problema y es que los pocos europeos que quedamos todavía vivimos aquí. Esto es algo que parece no importarle a los invasores, ellos planean borrarnos del mapa y si todavía no lo han hecho, es porque los patriotas nos negamos a ceder ni un solo palmo de nuestro sagrado suelo.

Los hombres patriotas somos la antítesis del beta moderno, de ahí que no seamos del gusto de los ideólogos y promotores de la Europa multicultural. Nos tachan de tiranos por aspirar a ser líderes, de primitivos por comportarnos acorde a nuestro rol de género, de machistas por defender la familia tradicional y de aburridos por poseer unas firmes convicciones morales. Para estigmatizarnos se valen de la televisión y la prensa, las cuales están las veinticuatro horas del día criminalizándonos hasta límites inimaginables. Nos suelen dibujar como sádicos maltratadores sin empatía, deseosos de arrasar la tierra y provocar otro holocausto. Ahora lo que triunfa a nivel social son los metrosexuales, los hombres con pluma, en definitiva: los anti-patriotas.

Todo buen patriota ha de rechazar siempre este tóxico rol de género que nos relega al papel de meros sirvientes, de cabezas huecas incapaces de pensar por sí mismos, de cobardes que no tienen la testosterona suficiente para dar un golpe sobre la mesa y decir que en nuestra nación mandamos nosotros. En esta Europa cada vez más idiotizada y decadente, en la que los magnates de la ideología de género campan a sus anchas, son pocos los hombres que tienen los bemoles suficientes para unirse a nuestra causa. La falta de homogeneidad y la pérdida de la identidad como pueblo ha llevado a muchos jóvenes, y no tan jóvenes, a echarse en brazos de los movimientos de la extrema izquierda, en donde las actitudes antinacionalistas, promixed y marxistas están a la orden del día. En este tipo de grupúsculos sectarios se muestra la masculinidad patriota como un símbolo fascista al que hay que atacar y destruir, para instaurar en su lugar la dictadura de la mediocridad de los hombres afeminados.

El sentir nacionalista está en crisis, a muchos no les importa la supervivencia de su nación, mantener vivos los valores occidentales o el asegurar un mañana mejor para los niños blancos. La desmilitarización de las naciones ha sido a la vez causa y consecuencia de la falta de hombría de los europeos. Desde siempre el movimiento antimilitarista ha estado compuesto por traidores apátridas, cuyo único propósito ha sido el de arrebatar el bien más preciado que tiene la Madre Patria: sus hijos. Su más certero golpe fue el de lograr abolir el servicio militar obligatorio, para a posteriori rematar la jugada, con la obligación de permitir el alistamiento de las mujeres. Tras sucesivas remodelaciones y purgas en los mandos, los ejércitos de las naciones occidentales han pasado a ser el refugio perfecto para: mercenarios, vividores, inmigrantes que buscan la nacionalidad, feministas, progres pacifistas y demás ralea. Es obvio que existen excepciones y que algunos, los pocos, no se alistan por los estudios gratuitos, el jugoso sueldo o un trabajo fijo, sino que lo hacen por su amor a la nación. Son estos hombres los que cargan de gloria y honor los términos de: soldado o guerrero.

Las modas o los clichés que nos dictaminan como ha de ser el anti-hombre cosmopolita del siglo XXI, también influyen negativamente en el sentir nacional. Del antimilitarismo hipiesco de la época de los sesenta, hemos llegado hasta la androginia actual en los varones blancos. Para estas amebas sin carácter hacer la guerra y pelear por tu país es algo sucio y primitivo, ellos prefieren untarse todo tipo de ungüentos antienvejecimiento por la cara, depilarse el cuerpo, hacerse la manicura y pintarrajearse cual prostituta francesa. Las aficiones de estos amanerados occidentales nada tienen que ver con los valores patriotas que nosotros representamos, por eso nos huyen y rechazan. Ver la televisión, ir a la moda, vaguear por el centro comercial, tomar drogas de diseño o prostituir sus cuerpos y almas, son los perniciosos pasatiempos que han logrado rebajar al género humano, a la altura de las bestias sin razonamiento ni conciencia propia.

El patriotismo exige pensar por uno mismo, demanda mucho esfuerzo y sacrificio, espera gestos valientes de carácter altruista y por desgracia no todos están hechos de la pasta necesaria para poder aguantarlo. Cómo van a querer actuar sin esperar nada a cambio, quienes solo levantan el culo del sofá si les dan unos cochinos euros. ¿Es qué pensáis que esos escombros humanos que gastan su dinero en drogas o artículos cosméticos, van a ceder una pequeña parte de su dinero para ayudar a los compatriotas más desfavorecidos? Ya os dejo claro que no. Algunos incluso hasta creeréis que el podrido cerebro de los consumidores de telebasura está deseoso de aprender, cuando la realidad nos demuestra todo lo contrario. Tristemente no todos podrán salvarse ni ser salvados, únicamente aquellos que luchen por su supervivencia seguirán existiendo el día de mañana.

Hasta ahora he expuesto y criticado algunos de los puntos débiles de aquellos varones que por convicción propia o coacción externa, deciden dejar de lado su parte masculina (*patriótica*) para integrarse por completo en la causa globalista. No conviene olvidar que por suerte también existen otro tipo de hombres que sí se preocupan por los demás, que miran más allá de sus intereses egoístas, que no tienen miedo de luchar y que aman de corazón a su patria y familia. Suelen ser personas de nobles sentimientos y es que: ¿acaso existe algo más puro que entregarse en cuerpo y alma a la defensa de la patria?. Por eso suelen ser buenos cabezas de familia, que cuidan de sus hijos y tratan a sus mujeres con respeto, sin cosificarlas sexualmente o rebajarlas a la condición de asistentas domésticas. Esto me permite poder afirmar que un hombre machista y maltratador, nunca podrá ser considerado un patriota. Si alguien es incapaz de cuidar, proteger y querer a los suyos, no se puede esperar que se comporte mejor con los extraños.

Los hombres nacionalistas creen en la meritocracia y el pan ganado con el sudor de sus frentes les sabe mejor. Vivir en el subvencionismo perroflautico no va con nosotros, tampoco el espíritu de la ocupación. Amantes de la naturaleza, la cultura y los animales, los patriotas tienen una sensibilidad especial mucho mayor que la de los afeminados hombres modernos. Nuestra sensibilidad nace del corazón, alimentada por la nobleza de nuestras almas, mientras que la de ellos es fruto de la ingeniería social de los ideólogos del internacionalismo.

No hay nada malo en amar a tu patria y mucho menos en defenderla. Las falsedades que la prensa vomita sobre nosotros son solo eso, mentiras destinadas a desalentar a aquellos varones que se han cansado de ser unos machos beta y que ansían convertirse en verdaderos alpha. Así que no temáis más, dejad de andar con la cabeza gacha y levantad con orgullo vuestras barbillas. Enseñadle al mundo lo que sois y lo que representáis. Y si un día otro congénere os pide consejo o ayuda para cambiar, respondedle alto y claro:

¡Sé un hombre, sé un patriota!

Islam: ¿aliado o verdugo del identitarismo?

Seguramente a muchos les sorprenderá que en mi libro dedique un apartado en concreto, para hablar sobre los pros y los contras de tener al Islam como aliado. No me extrañaría que algunos puritanos cerraran el libro escandalizados por mi herejía política. Es una pena que los sucesos actuales que nos están conduciendo hacia una nueva Guerra Santa, impidan apreciar los coloridos y delicados matices de un movimiento tan complejo como es el de la llamada: *"ideología nacionalista"*. Entiendo que en Europa y por ende el mundo Occidental, se encuentren reacios a ver más allá de la cruz de Cristo, debido al incesante flujo migratorio de sangrientos y cetrinos yihadistas venidos de Oriente. Nuestras fronteras son asaltadas sin descanso, la incesante riada de caminantes conforma una serpiente humana que parece no tener fin. La faz de nuestras ciudades está cambiando a una velocidad vertiginosa, a la que resulta imposible acostumbrarse. El cambio trae consigo lenguas extrañas, culturas atrasadas y gente de los más diversos confines del mundo.

Algunos rechazaréis lo que escribiré a continuación, pero eso no ha de servir de excusa para no leerme. Todo aquel que se diga y se tenga por patriota, ha de saber defender sus ideas y dar su opinión sin importarle lo receptivo que pueda estar de primeras el público. No hemos venido al mundo de la política para hacer amigos, tampoco tememos ofender a aquellos que tienen la piel demasiado fina y sensible. En muchas ocasiones la verdad suele ser amarga y terrosa, como la sangre, de ahí que no sea del gusto de todos. ¿Qué es lo que trato de conseguir con esta polémica?, pensaréis algunos. Pues de primeras poner las cartas sobre la mesa, mostrando una realidad al mundo que hasta la fecha ha sido ocultada, ya fuera por vergüenza o por propio interés.

No estoy descubriendo la rueda al afirmar que no todos los cristianos son patriotas, ni todos los patriotas son cristianos. Esto parece muy simple de entender, pero todavía existen personas que se niegan a hacerlo. La apropiación malintencionada de nuestro ideal por parte de la jerarquía eclesiástica, hasta épocas cercanas, ha propiciado que en la psique del ciudadano medio se generen automáticamente los términos: cura, cristianismo e iglesia cuando alguien les habla de la defensa de la patria. No quiero que se tergiversen mis palabras, no estoy diciendo que ser nacional católico o patriota cristiano sea algo malo, simplemente quiero dejar claro que hay vida más allá de la cruz.

Es un error de bulto creer que todo lo que no proceda de la esfera católico-romana es extranjerizante y por ende, tóxico para el patriotismo. Ninguna de las tres grandes y monolíticas religiones monoteístas *(Islam, Cristianismo y Judaísmo)* predica desde los púlpitos de sus templos, directa o indirectamente, a favor de la supervivencia de Occidente y de la raza blanca en general. Dependiendo de la época que se evalúe podemos ver que la actitud de los líderes clericales ha oscilado entre ser considerados aliados de la causa, a llegar a convertirse en terribles enemigos de la misma. En lo que respecta al judaísmo puedo afirmar que pocas han sido las ocasiones, por no decir casi ninguna, en las que se ha posicionado a nuestro favor. Quizás la Red Judía Anti-sionista Internacional es el movimiento hebreo más amigable.

Con el Islam ocurre más o menos lo mismo, si centramos la mirada en el tirano otomano de Erdogan observaremos que tanto sus políticas económicas como migratorias, están destinadas a debilitar a Europa en todos los frentes. En cambio, el Gran Muftí de Jerusalén: Haj Amin al Husseini simpatizó con nuestra causa e incluso llegó a apoyar al Tercer Reich alemán. No debemos pasar por alto tampoco que la Guardia Mora del General Francisco Franco, participó del lado del Bando Nacional durante la Guerra Civil Española. La División Handschar (cimitarra) luchó durante la segunda Guerra Mundial contra los Aliados en Europa del Este. La mayoría de los milicianos que la componían eran musulmanes procedentes de Croacia y Bosnia-Herzegovina, los cuales acudieron a la llamada de reclutamiento del líder palestino: Amin al Husseini. Incluso tenemos también a la Legión Koda, conformada por voluntarios árabes que se aglutinaron bajo la bandera de la Wehrmacht. Estos son unos pocos ejemplos, pero no los únicos, que me sirven para ilustrar que a veces importa más la defensa de una idea o el bien común, que la propia religión que se practique.

Habéis podido ver que todos estos hombres tienen algo en común, además del hecho de profesar la fe musulmana. ¿Qué puede ser? ¿Todavía no lo habéis averiguado? Es mucho más sencillo de lo que pensáis: *si una persona ama a su tierra, raza y familia de corazón, ha de sentir un ferviente anticomunismo que le lleve a combatirlo en cualquier lugar del globo.* Solo así fue posible que dos enemigos actualmente irreconciliables, Europa y el Islam, lucharan codo con codo en la misma trinchera. ¿Y cómo es que se ha roto esta camaradería cuando la serpiente roja se encuentra más viva que nunca?

Son variadas las respuestas que podría daros, para empezar en aquella época el globalismo internacionalista ideado por los Amos del

Pensamiento, no estaba tan extendido. El cáncer mesticista y antinacional que corrompe el alma de los pueblos libres, ha llegado incluso a afectar al cetrino Oriente, aunque sea en menor medida. Otro de los motivos es el incesante flujo migratorio que estamos sufriendo, ya sea de inmigrantes laborales o de seudo-refugiados. E incluso la historia universal de nuestras patrias, nos hace desconfiar de los hijos de la media luna.

Siglos de continuas razias y cruentas invasiones por parte de bereberes, otomanos y árabes hacen que la mayoría de los patriotas rechacen abiertamente el Islam. Las expediciones en las costas europeas en busca de mujeres blancas, el robo masivo de niños para convertirlos en leales mercenarios sin conciencia ni identidad, la quema de iglesias y una muerte horrible de los desdichados esclavos que iban a parar a las minas de sal; han dejado grabado en la imprenta genética de nuestra gente un resquemor imposible de olvidar y mucho menos de perdonar. Este sexto sentido, heredado del sufrimiento de nuestros ancestros, es el que nos pone en alerta cuando vemos la proliferación de mezquitas en el suelo patrio. Es totalmente lógica y fundamentada la desconfianza que sentimos, y más cuando comprobamos que las intenciones de nuestros oscuros invitados no han variado ni lo más mínimo. Seamos sinceros, ¿quién en su sano juicio querría tenderle la mano, a aquellos que están dispuestos a amputárnosla con sus cimitarras? Sorprendentemente existen millones de occidentales dispuestos a ello y no por cuestión de fe.

Lo que no consiguieron las diversas olas invasoras de turcos, moros y demás pueblos mahometanos, lo están logrando una letal mezcla de inmigración masiva en conjunción con la baja natalidad de los pueblos blancos. Occidente se encuentra noqueado y es incapaz de levantarse para devolver los golpes. A diferencia de lo que algunos piensan no estamos en medio de una guerra religiosa, cuyo fin último es convertirnos a la fe predicada por el profeta Muhammad, sino todo lo opuesto. Buscan aniquilarnos, arrasar nuestros hogares, pasarnos a cuchillo, extinguirnos. Todo sujeto de piel clara y rasgos occidentales es su enemigo y no dudarán ni un solo segundo en acabar con ellos de la manera más cruel posible.

Es en este punto donde surge una trascendental disyuntiva: ¿puede un patriota occidental y de raza blanca abrazar la fe mahometana, sin acabar convertido en un traidor? Podría responder de manera tajante y contundente diciendo que sí o que no, pero os estaría engañando. ¿Por dónde empezar entonces? Bien, vayamos a lo obvio: adoptar la fe y costumbres de los invasores equivale, como mínimo, a ser un vendido que busca pasar desapercibido para salvar de la quema su egoísta culo. Bajo esta premisa resulta ilógico que alguien que se diga patriota decida seguir los dictámenes y las fatuas de un líder espiritual, con el que no comparte ni una sola gota de sangre. La idiosincrasia europea no tiene nada que ver con la extravagante cultura oriental, que traen consigo nuestros molestos invitados.

Existen muchos argumentos que nos separan y es que parece ser que el mundo blanco es incompatible con el semitismo socio-ideológico. No me cansaré de repetirlo: el maltrato hacia la esposa, maridos, hijos, padres o abuelos automáticamente te degrada de la condición de patriota, para convertirte en escoria humana. Por desgracia para esas gentes, pegar a sus familiares es algo normal. Otro de los aspectos que puede hacer incompatible la militancia nacionalista occidental en el bando mahometano, es la diferencia de criterios a la hora de aceptar y respetar los derechos humanos más básicos. No negaré que los europeos hemos cometido todo tipo de brutalidades en nombre de la fe, pero por suerte ese pasado inquisitorial de hogueras, cruces y diezmo para los curas panzudos, ha quedado más que superado. En cambio, uno no puede decir lo mismo cuando posa la vista en los vástagos de Muhammad y ve el tipo de carnicerías que cometen en su nombre: decapitamientos de prisioneros aunque estos sean niños, lapidaciones, condenas a latigazos para las mujeres violadas, crucifixiones, lanzamiento de homosexuales desde azoteas,... Este tipo de hechos deleznables son el pan de cada día en los países musulmanes, por mucho que los progres se empeñen en igualarlos a nosotros en nivel de civilización. La tozuda realidad nos viene a confirmar que si llevan siglos haciéndolo en sus respectivos países, seguirán obrando igual cuando vengan a los nuestros, por mucho que eso nos escandalice.

Hay que dejarse de tanto buenismo estúpido y abrir los ojos, los musulmanes no varían ni un ápice su comportamiento aunque estén en Europa. Es más, pese a encontrarse a miles de kilómetros de sus hogares, se creen con derecho a exigir todo tipo de privilegios e imponer las normas que consideren oportunas. ¿Y cómo es que unos extranjeros llegados del otro lado del mundo, pueden permitirse el obrar con tal grado de impunidad? Esto es fácil de contestar: los políticos maricomplejines que nos gobiernan favorecen con sus injustas decisiones, el afianzamiento del engendro del multiculturalismo en Europa.

Han deconstruido la identidad cristiana del viejo continente, para en su lugar implantar nuevos credos más afines a los gustos masónicos de los Amos del Pensamiento. Resulta curioso ver postrarse frente al imparable poderío mesiánico del Islam, a ese rojerío casposo al que tanto le gusta dárselas de ateo y anticlerical. Pero claro, aquí ocurre una cosa muy importante y que no debe pasarse por alto: *la izquierda solo es valiente contra aquellos que sabe, a ciencia cierta, que no se defenderán*. Ocultos bajo su rojo manto de pacifistas, se encuentran escondidos unos cobardes de tomo y lomo. Es por eso que siempre que pueden atacan con una saña genocida a la iglesia católica, mientras se bajan los pantalones y se echan vaselina para recibir a los mahometanos. El miedo es libre y la izquierda es experta en salir corriendo a Francia, cuando las cosas le vienen mal dadas.

Otro de los movimientos utilizados por nuestros exóticos invitados para lograr que su opinión prevalezca, es el de utilizar la efectiva táctica de extender el terror a su paso, cual Atilas modernos. Ya sea en Londres, Madrid, Moscú, París, Baviera, Niza o Múnich, los europeos hemos visto y sentido en nuestras propias carnes de lo que son capaces. Atentado tras atentado, han logrado implantar el pánico y la sumisión en la psique occidental. Mientras nuestros jóvenes se dedican a cazar pokemons, ellos utilizan su tiempo en cazar europeos. Nos mutilan, castran, acuchillan, balacean, violan y decapitan, pero nosotros seguimos recibiéndolos con los brazos abiertos. Hoy en día mola ser uno de esos pancarteros del: "*refugiados welcome*", y no una persona normal y sana que ama su tierra. Estos estúpidos cobardes se piensan que por haber traicionado a los suyos, los musulmanes les perdonarán la vida cuando se impongan en Occidente. No saben cuan equivocados están. Los sibilinos servicios prestados serán olvidados por sus nuevos señores, ese es uno de los pocos consuelos que nos quedan. Recibirán justo pago en forma de cuchillo segando sus gaznates, cuando llegue el momento. Y es que la Meca y el Profeta no se apiadan de los impuros traidores.

Si ya es complicado compatibilizar el Islam dentro del movimiento patriota, todavía resulta más ilógico ver los esfuerzos que hacen los feministas y el lobby gay, por lograr encajar la fe de los orientales dentro de su empanada mental progresista. Para las femilocas el burka garantiza los derechos de las mujeres que lo usan, al representar el contrapunto extranjerizante a los valores de belleza femeninos de los occidentales. La poligamia en el matrimonio la justifican como un modelo de poliamor, aunque se les olvida mencionar que las esposas son esclavas del varón y que no tienen voz ni voto en el matrimonio. Y qué decir de la aceptación de la homosexualidad dentro de los países de la esfera islámica, la muerte de quienes la practican es la única realidad existente y permitida. No hace falta ser muy listo para darse cuenta de que en una Europa musulmana, los progres no tendrán cabida.

Hasta el momento he señalado los puntos negativos de dicha asociación *(patriotismo-islam)*. Ahora toca evaluarlo desde otra perspectiva, enunciando las posibles afinidades que nos unen o que podemos utilizar a nuestro favor.

• El antisionismo ideológico y militante que transpira cada línea del libro sagrado del Corán.

• El tradicionalismo y el respeto por la institución familiar, más allá de los vicios y abusos que van de la mano de la cultura semita.

• El vigoroso espíritu guerrero que les hace combatir hasta la muerte, pese a que sus enemigos los superen en fuerza y número.

• Su anhelo expansionista.

• El sentir comunitario que les lleva a apoyar a los suyos. aunque no sean de su familia directa o no los conozcan.

• El rechazo hacia todo lo que tenga que ver con el decadente mundo moderno.

- Son poseedores de una fe que les lleva a mover montañas y abrir océanos.

Como reflexión final me gustaría aclarar que: *debe ser el propio individuo el que elija la fe que quiere profesar, en función de lo que crea o esté buscando desde un punto de vista espiritual.* Algunas religiones tienen más que ver con nosotros que otras, pero no es menos cierto que incluso lo propiamente europeo está contaminado. Un Islam para blancos o a la europea quizás sea la solución para nuestros problemas, aunque también puede conducirnos hacia la aniquilación.

Moral cristiana en un mundo patriota

A diferencia de la doctrina cristiana, el patriotismo es algo más que obediencia ciega al líder, dios y oración. El cristiano actual rechaza el compromiso con la patria, el Vaticano les exige que para ser buenos creyentes merecedores del cielo, han de abrazar la causa internacionalista. Los católicos han de obedecer todos los dogmas de su credo, guardar leyes y fiestas, acudir a misa,... Para ellos toda autoridad proviene de dios, por eso se encuentran obligados a obedecer la autoridad de sus vicarios en la tierra. Resistirse o cuestionar sus dogmas significa, en la práctica, oponerse a las órdenes del mismo dios.

Poner la otra mejilla, alimentar a todos los pobres del mundo descuidando a los nacionales, abrir las fronteras para acoger con dicha y gloria a los millones de tchandalas que se agolpan en ellas o mestizarse, son los nuevos mensajes que el anti-Papa Francisco I proclama desde su lujoso pulpito a sus abnegados fieles. Son este tipo de sermones los que han debilitado y puesto en jaque a la civilización occidental, aunque no siempre ha sido así. Hubo un tiempo en el que la iglesia defendía a los suyos, luchaba contra aquellos enemigos que pretendían invadir sus tierras y predicaba los valores tradicionales.

En Covadonga, Poitiers o las Navas de Tolosa la cristiandad se alzó en armas contra los sarracenos y salió victoriosa. No hubo curillas progres que llamaran a la convivencia entre culturas y la paz entre razas, ni se permitió la introducción de cultos extranjeros en tierras europeas.

Tampoco se prestaron los edificios eclesiásticos católicos para la celebración de actos no cristianos, es por eso que Europa se salvó. Incluso movidos por la fe en su credo y en la victoria, los soldados de Cristo se echaron a la mar para tomar Jerusalén y los territorios circundantes. Guerra Santa lo llamaron y como en toda guerra que se precie, se mató y murió luchando por Occidente.

Los aborregados cristianos actuales desprecian y condenan las Cruzadas, al igual que niegan la veracidad y utilidad de la Reconquista española. Tratan a los fieles del pasado como brutos sanguinarios e ignorantes simplones, cuando la testaruda realidad nos enseña que sin ellos el mundo blanco habría dejado de existir hace siglos. Dios, patria y familia, ese fue su lema y por el cual batallaron. Entonces, ¿por qué la iglesia viró el rumbo hasta terminar convertida en la agonizante secta que es hoy en día? Sus templos cada vez se encuentran más vacíos y su fe se está volviendo minoritaria, donde antes ostentaba el monopolio religioso.

Me atrevo a afirmar sin tapujos que: *los principales enemigos de la iglesia cristiana siempre se han hallado en su seno, en el centro mismo del Vaticano.* Comunistas, masones, abusadores infantiles y demás ralea llevan siglos infiltrados, ya sea representando el papel de progres curillas de barrio o militando en las altas esferas jerárquicas disfrazados de obispos o cardenales, para boicotear y deformar desde la cima los verdaderos valores que Cristo nos quiso transmitir. En los seminarios de las órdenes religiosas ya no se imparte el Ora et Labora y mucho menos se defiende la idea de: dios, patria y familia como la Santísima Trinidad de la civilización occidental. Ahora lo que se lleva es inculcar el ideal globalista de la masonería, en los ratos libres en los que no están practicando la sodomía. Una vez son ordenados, estos lobos con piel de cordero ya están listos y preparados para llevar a cabo los planes políticos de sus hermanos mayores. Dejan a un lado la supuesta labor religiosa que deberían tener encomendada, para dedicarse en cuerpo y alma a dinamitar el orden social establecido.

La finalidad de esta falsa iglesia es la de apagar los moribundos rescoldos morales identitarios, que todavía se resisten a extinguirse dentro del corazón de los occidentales. El mensaje predicado por el neocristianismo nada difiere de la propaganda vertida por los pravda oficialistas de la extrema izquierda: fronteras abiertas, papeles para todos, endofobia, desprecio de la propia cultura y tradiciones indoeuropeas,... Escuchándoles uno podría pensar que está oyendo a un ideólogo marxista de la peor calaña, pero no, ese es el mensaje oficial que se puede escuchar en los sermones de los domingos. Han remodelado la casa de Cristo desde los cimientos hasta la cúspide, para volverla más progre y moderna, justo al gusto de los Amos del Pensamiento.

Predicar la defensa de la nación que te vio nacer, como muestra de amor hacia la creación divina, es algo totalitario que ya quedó anticuado. Ellos prefieren abrirse de piernas al mundo para que todos los tchandalas de la tierra entren en manada y los forniquen. No quieren que conservemos nuestra identidad como pueblo, prefieren que sus escasos fieles sean una amalgama de anodinas y grises amebas, que no protestan ante las injusticias que suceden en el día a día. Esclavos sin voluntad y sin cerebro que se dejan degollar en sus casas y púlpitos sin oponer resistencia.

El liderazgo masónico del anti-Papa Francisco I no ha hecho sino que agravar el problema. Son constantes sus salidas de tono, cada vez que tiene que hablar en público repite sin cesar el mismo chantaje doctrinal: *los occidentales han de resignarse a desaparecer si quieren ser buenos cristianos.* Aprovechándose de la guerra de Siria, desde el

Vaticano se ha iniciado una demagógica campaña manipulativa destinada a meter a millones de no europeos dentro de nuestras fronteras, valiéndose del sentimiento de culpa que neutraliza la inteligencia de los europeos. Incluso tras ser las víctimas del odio yihadista en una iglesia de Normandía, el mismo anti-Papa dijo que: *Europa no sufre una guerra de religiones y que la solución a todos nuestros problemas consiste en acoger a más inmigrantes.* Ni los participantes del Concilio Vaticano II hubiesen imaginado que en la siniestra figura de Francisco I, encontrarían a su mejor valedor.

Esos beatos que puedan sentirse indignados por los cariñosos epítetos que le dedico a su líder religioso, deberían recordar la carta que San Pablo le envió a los tesalónicos. En ella avisaba al mundo de la pronta decadencia de su movimiento clerical y de como el anti-Cristo ocuparía la sede de Pedro cuando Roma perdiera la fe. ¿Qué son solo metáforas y supercherías fantasiosas? Las pruebas están ahí y en los ojos de cada uno queda el querer verlas. La herética doctrina del Papa de los ateos le hace merecedor del título de: anti-Cristo.

Las teorías defendidas por Francisco I: sentido antropocéntrico de la religión, antimilitarismo recalcitrante, desprecio por el sentimiento patriótico y la promoción de los nuevos modelos de familia, comparten trinchera ideológica con la izquierda política a la hora de desacralizar Occidente. Bajo la túnica del Vaticano se da cobijo a: pro abortistas, feministas radicales, líderes del lobby gay, pederastas y masones. Ya nada queda de la iglesia dejada por Pio X tras el Concilio I. De todas formas quienes deberían indignarse son sus propios fieles, esos burgueses rancio-derechistas que se disfrazan de patriotas de banderita en el polo de Lacoste, mientras consienten que sus dirigentes espirituales estén destruyendo España. No existe mayor hipocresía que la de estos nacionalistas de hojalata y billetera repleta.

Se mire por donde se mire, uno solo encuentra podredumbre en la estructura eclesiástica actual. Las ong´s católicas participan y se lucran activamente del aniquilamiento del Occidente cristiano. Pondré un ejemplo de hasta que punto el ideal globalista domina la agenda de estos vividores. La industria de la fe y del seudo altruismo es muy lucrativa, por eso surgen como setas las ong´s que supuestamente ayudan a los más desfavorecidos. Caritas es el máximo exponente del enriquecimiento desmesurado que se logra con discursos buenistas, cuando no importa cuántas vidas destruyen con su actitud nociva. Esta empresa se lucra de los fondos del estado, donaciones e inversiones en entidades bancarias. Necesita la continua regeneración del número de pobres para que el bussiness no decaiga y así siga teniendo sentido público su existencia. La caridad que practican no es tal, ya que ni de lejos pretenden ayudar de manera desinteresada. Todo el paripé de buenos samaritanos es parte de su campaña publicitaria como empresa de lo social. Se desgarran la camisa mientras lanzan grotescos alaridos al grito de: *"ningún ser humano es ilegal"*, buscando intimidar a los gobiernos de turno con el fin de que continúen con las políticas suicidas del *"papeles para todos".*

Al permitir que millones de individuos entren sin control, procedentes de las más recónditas cloacas del Tercer Mundo, se aseguran de un flujo constante de excluidos de los que valerse para seguir recibiendo cuantiosas subvenciones. Los líderes de Caritas y de otras ongetas saben que el mercado laboral español y europeo en general, es incapaz de asimilar a más gente de forma digna. Eso significa que cada nuevo inmigrante que entra en nuestro país es incapaz de mantenerse por sí mismo y por lo tanto, ha de recurrir a los organismos oficiales como demandante de ayudas sociales. Seguramente habrá muchos ilusos a los que esto les dará igual y seguirán confiando en la labor de Caritas. A estos tontos útiles les recuerdo que las ayudas que les brindan a nuestros indeseados invitados, salen de los abusivos impuestos que el estado nos impone.

Creo que resulta obvio que estos y otros múltiples problemas son los que han llevado a millones de europeos, a abandonar decepcionados la fe de sus ancestros. Muchos patriotas no nos vemos reflejados en los valores de esta nueva iglesia progre y descastada, de ahí que una minoría de los nuestros opte por abrazar el Budismo, el Islam o el Paganismo de raíces nórdicas. Aún así es importante no dramatizar más de la cuenta, para no desanimarnos en la lucha.

La religión, en este caso la cristiana, no ha de ser un tema tabú en nuestro discurso. La naturalidad al hablar sobre la doctrina de Cristo, ya sea para alabarla o criticar sus flaquezas, puede contribuir a que un día se logre la purga definitiva de los elementos quintacolumnistas y masónicos que presiden la cúpula eclesiástica. Hay ciertos valores cristianos fundamentales para la supervivencia de Occidente, por eso hemos de combatir cada palmo en la batalla que se está librando en el plano de la moralidad, para evitar que el hedonismo materialista termine por convertirse en la nueva fe de los europeos.

Los patriotas nos formamos ideológicamente durante años para dar la talla llegado el momento, por eso tampoco debemos descuidar nuestra faceta espiritual. Es bueno creer en algo, sentir que existe un ente que reside más allá de lo mundano y tangible. El cientificismo convierte al ser humano en un cascaron vacío y desde luego yo no lo recomiendo. Hemos de ser consecuentes con nuestra elección. A la hora de decidir qué camino teológico seguir, uno ha de ser consciente de lo que está dispuesto a entregar. Si se decide seguir la verdadera doctrina cristiana, se ha de actuar con honradez e higiene intelectual. Eso sí, hay que seguir sus preceptos sin caer en el fanatismo tribal.

Recordad que somos patriotas, individuos autónomos con su propia identidad y consciencia, no seres anulados que obedecen ciegamente al prelado de su secta.

¿El proletariado tiene patria?

La Clase Trabajadora ha de ser el pilar fundamental sobre el que se asiente la construcción de un verdadero estado patriota. Son la fuerza trabajo que enriquece al país, la sangre que perpetúa la nacionalidad y los puños que luchan por defender la tierra del enemigo invasor. Los grandes héroes nacionales que han pasado a la historia de la humanidad, han nacido de los vientres más humildes y eso es alguno que algunas personas suelen obviar por cuestiones clasistas. A muchos de los que se dicen *"patriotas"* parece escocerles esta gran verdad. Reconocer que la élite burguesa poco o nada ha aportado a los grandes descubrimientos y a las gloriosas batallas que se han librado por Europa, es algo impensable. Según su trasnochada visión socio-política, la plebe no es merecedora de reconocimiento alguno. El desprecio y abandono del que ha sido víctima la Clase Obrera desde nuestro bando, ha ocasionado que gran parte de la misma se haya echado en brazos de la ideología marxista.

La caída en desgracia de nuestro movimiento ante los ojos de los trabajadores, inició el declive del patriotismo. El izquierdismo ha sabido aprovecharse hábilmente de este vacío, para propagar su internacionalismo cosmopolita. Para estos globalistas la idea de patria es una abominación, una reliquia del pasado que ha de ser eliminada de las eunucas mentes de los hombres y mujeres modernos. No están actuando de manera hipócrita al reivindicar sus endofobos dogmas, recordad que los pijo progres burgueses nunca han tenido patria, más allá de los paraísos fiscales en los que blanquean el dinero. Ya en el *Manifiesto Comunista* Karl Marx dejó claro el carácter antinacionalista de su perniciosa ideología, con la siguiente reflexión: *los obreros no tienen patria.*

La principal misión de los pensadores izquierdistas es la de arrebatar a los obreros, lo único que los mantiene fuertes frente a las injusticias: la unión nacional. Es una irresponsabilidad de nuestra parte el dejar a la Clase Trabajadora, a merced de estos cuatreros apátridas. Pese a ser conscientes de los planes desestabilizadores de la plaga marxista, los patriotas no hemos sabido cortar de raíz la influencia roja en la conciencia proletaria. Hablar a día de hoy de revolución, justicia social, de abolir la explotación laboral o exigir un salario digno es un tema tabú imposible de abordar, por temor a ser tildados de nazbol (*nacional-bolchevique*).

Nuestros complejos y fobias han hecho que millones de individuos den la espalda a la tierra que los vio nacer. Nos hemos enfrascado tanto en nuestro aislacionismo ideológico, que ahora tenemos que abrirnos al mundo y no sabemos cómo hacerlo. Seguimos repitiendo los mismos eslóganes desde hace décadas, cada vez que abrimos la boca nuestras perogrulladas únicamente consiguen sacar bostezos y miradas de desdén. Cualquiera diría que parecemos un disco rayado.

¿Y qué hay de malo en hablar sobre la lucha de clases y apoyar las reivindicaciones de los trabajadores? Es evidente que nada, por mucho que les indigne a los puretas reaccionarios que pueblan el movimiento. Los líderes e ideologuillos (*ya que no llegan ni a ser ideólogos de la nada*) patriotas condenan y desprecian las reivindicaciones obreristas, al carecer de cualquier nexo de unión que los acerque a los problemas del ciudadano medio. No saben lo que es ganarse el pan con el sudor de su frente, sufrir extenuantes jornadas laborales, aguantar la explotación del codicioso empresario, por eso tienen atrofiada la capacidad de sentir empatía por el prójimo desarropado.

Tampoco hay que pasar por alto el hecho de que algunos de estos patriotas de chalet, montera y fútbol se niegan a abandonar o rechazar sus privilegios de Clase Alta. No pierden la oportunidad de lanzar mierda sobre los que sí queremos alcanzar una patria libre, social y nacional. Estos empecinadores rechazan cualquier tipo de cambio, si por ellos fuese instalarían el diezmo y hasta el derecho de pernada. Dentro de su sectario concepto de patria, no hay lugar para las exigencias de aquellos que nutren a las fábricas, fuerzas armadas y campo con su fuerza trabajo. Pareciera que según su sesgado criterio, aquellas personas que carecemos de una estabilidad económica alta, fuésemos meras bestias a las que está permitido explotar y oprimir.

Es lógico que el pueblo rechace a quienes le desprecian, de ahí que las filas patriotas estén repletas de nostálgicos del antiguo régimen, derechistas defensores del ultra liberalismo y frikis de pelo engominado y tirantes de España, que juegan al pádel en sus urbanizaciones privadas; y no de rudos obreros curtidos en las fábricas y campos de la nación. Poco queda ya de ese sentir unificador al que apelaban y hacían referencia en sus discursos, los falangistas Joseantonianos, los fascistas italianos e incluso el régimen nacional socialista del Tercer Reich. Hablaban por y para el pueblo, conscientes de que en él se encuentra la verdadera fuerza motriz capaz de mover los engranajes del cambio. ¿Acaso pensáis que Hitler, Mussolini o José Antonio hubiesen logrado ese calado popular, a base de ignorar las demandas de la Clase Obrera? Claro que no y eso es algo que debemos tener bien claro, sobre todo aquellos que sois seguidores de alguna de estas tres teorías ideológicas.

Cuando preguntamos a alguien normal y corriente como se imagina a un patriota, enseguida se le vendrá a la cabeza la imagen del típico votante del Partido Popular y eso supone un insulto para aquellos que en verdad nos consideramos patriotas. Nos equiparan a esos rancios burgueses que toman un capuchino todas las mañanas, servido por su mayordomo, mientras leen la cotización al alza de sus acciones en periódicos estilo: La Razón o el ABC. Piensan que vamos a misa todos los domingos, que al hablar decimos coletillas tipo: "*osea*" y que tenemos una chacha filipina que limpia el polvo en nuestro chalet. No podrían tener una visión más errada de lo que somos y representamos, aunque bien es cierto que algunos elementos nocivos han contribuido a acrecentar estas y otras leyendas urbanas.

La mayoría de los patriotas que militamos en el área procedemos de hogares de clase media o baja, pero eso no ha impedido que esta propaganda des-informativa halla calado hondo en las mentes y corazones de los proletarios. La izquierda caviar y la derechona casposa han dado pie a que se nos caricaturice de esta forma tan grotesca, para asegurarse de que ninguna oveja con derecho a voto se salga de su redil democrático-particular.

Evaluemos pues que beneficios obtiene la izquierda al demonizar y ridiculizar a partes iguales, a nuestro paupérrimo movimiento. No hace falta ser un Sherlock Holmes para descubrir que los progres se creen dueños y señores de la opinión de los pobres, de los trabajadores de manos ajadas y callosas que visten un mono azul para ir a trabajar. No soportan que algún obrero decida pensar por sí mismo, ya que de esta forma pueden darse cuenta del engaño que supone el progresismo multiculturalista. La izquierda caviar es consciente de la veracidad de nuestro mensaje cuando afirmamos que: *más inmigración genera desempleo y rebaja el precio de los salarios*, de ahí que busquen silenciarnos a toda costa, para que nuestras palabras de libertad no lleguen a los oídos de la Clase Trabajadora.

Cuando la censura no les funciona recurren de inmediato a la burla, acusándonos de locos de extrema derecha, de antisociales sin vida amorosa o de simples paletos. Lo que ocurre con el insulto fácil es que rápidamente pierde su efectividad y termina por cansar a los oyentes, de ahí que necesiten de una tercera vía para mantener unido al rebaño obrero. Que mejor forma de hacerlo que meterles el miedo en el cuerpo, atemorizarlos con el cuento de los malvados nazis come niños, rememorar historias ficticias en las que el malo siempre es Franco o inventarse supuestas agresiones de sanguinarios skinheads que dan palizas en grupo. Y así, de esta forma tan vil, es como suelen conseguir que el trabajador medio se aparte de nosotros asqueado.

Con la derecha no tenemos ese problema, ya que los obreros nunca han sido del gusto de la burguesía militante del OPUS DEI. Pensad que si ya evitan vivir en los mismos barrios que nosotros, que llevan a sus hijos a carísimos y elitistas colegios de pago que nada tienen que ver con las escuelas públicas, y salen por exclusivos espacios de ocio; resulta patente que no quieren compartir bando con el simple vulgo. Son elitistas incluso a la hora de abordar el tema patriótico, se creen que el uso de la enseña nacional debe dedicarse en exclusiva al lucimiento en polos de marca. Llegado el momento ninguno de estos patriotas del IBEX 35, estaría dispuesto a entregar su vida por España. Ellos prefieren que la gente de baja alcurnia sirva de carne de cañón en los campos de batalla. Ya lo dice el sabio refranero popular y es que: *los hijos de los ricos nunca mueren en la guerra*.

¿Desde cuándo los empresarios tipo Amancio Ortega, la parasitaria casta de los Botín del Banco Santander o los tecnócratas del Partido Popular han permitido que sus inútiles retoños entreguen su vida de manera altruista, para salvaguardar la integridad de la tierra a la que explotan? Nunca, esa la respuesta. Mientras los nuestros terminan despedazados por el fuego de mortero, los suyos permanecen entre algodones, protegidos por los gruesos muros de los palacios en los que habitan. Es por eso que desprecian tanto a los nacionalistas identitarios, ya que nuestra mera existencia les recuerda lo viles y anti-patriotas que son.

Me da igual ofender a ciertos estómagos agradecidos, mi ácida prosa no suele ser del gusto de los paladares más finos y aburguesados. No voy a callarme la verdad para congraciarme con la élite gobernante del momento. Podéis acusarme de rojo, de loco idealista o de nazbol para tratar de silenciarme, que no os surgirá efecto alguno. Yo sé muy bien lo que soy: un patriota revolucionario, un activista defensor de los derechos civiles de los blancos, un pensador incorrecto y políticamente despierto. No temo a los insultos que me vienen en tropel desde la izquierda y la derecha sociológica, ambas tendencias son anti-patriotas por naturaleza, de ahí que mi deber sea denunciarlas públicamente.

Ha sido un grave error el haber permitido que tras la muerte de Franco, nuestro movimiento quedara reducido a una falsa lucha anti-marxista. Nuestra incapacidad para rebatir la demagógica propaganda bipartidista, ha facilitado la consolidación de un turnismo político que no es tal. Nuestro tibio mensaje ha sido incapaz de traspasar la prejuiciosa coraza que, en la actualidad, reviste el corazón de los votantes. El no haber diseñado un plan B para sacar nuestra idea de España adelante, si el plan A fallaba, demuestra pereza y falta de preparación. Todas estas carencias y debilidades han propiciado que los obreros nos hayan abandonado, en pro del ideario hedonista propuesto por los Amos del Pensamiento.

Lo que pretendo con esta reflexión es señalar punto por punto las debilidades del área patriota, para que de una vez por todas dejemos de seguir estancados en nuestro inmovilismo. El debate interno es sano y obligatorio si pretendemos corregir nuestros fallos, para pasar de una vez por todas de ser una opción minoritaria, a la alternativa nacional. Las conclusiones que salgan de aquí son vitales, si queremos sobrevivir en un mundo tan cambiante como el actual.

El factor miedo que despertamos en gran parte de la población, un discurso anticuado y nuestra constante negativa a construir puentes que nos ayuden a lograr la confluencia necesaria, que nos acerque a esos movimientos con los que compartimos propósitos; nos está lastrando. El pueblo clama por un líder con el que identificarse, al que no le tiemble la mano a la hora de castigar a los corruptos. La gente ya está cansada de discursos vacíos, ideados para una minoría cada vez más minoritaria de vividores de la política. Buscan que la situación no solo cambie, sino que también mejore. Nuestro papel de núcleo irradiador nos lleva a aceptar el cambio que exigen, por eso hemos de estar a la altura para satisfacer sus demandas.

Pese al peligro divisorio que supone aportar nuevas ideas a nuestro movimiento, los posibles réditos a obtener en el futuro lo compensan. Nuestras acciones y decisiones políticas han de ir dirigidas a contrarrestar, y con la mejor de las suertes reducir al mínimo, las reticencias que un sector mayoritario de la Clase Trabajadora tiene a la hora de brindarnos su apoyo. Debemos evitar los tics o clichés que nos escoren peligrosamente hace la extrema derecha, la cual nada tiene que ver con el fascismo, el nacional socialismo o el sindicalismo falangista.

La falta de claridad pragmática nos ha llevado a vivir de ensoñaciones histórico-políticas, al más puro estilo podemita. Es de ilusos pensar que el cielo se toma al salto. Las pasadas elecciones dejaron claro a los nuevos partidos, que el rojo y el azul siguen prevaleciendo en el círculo cromático de la vida, por encima del naranja y morado.

Las hoscas formas del siglo XX quedan ya muy atrás, los golpes de estado y las revoluciones violentas son inviables en una sociedad tan globalizada y tecnificada. Las masas suelen carecer de instrucción bélica, tampoco tienen armas a su alcance y lo más importante: éstas no están dispuestas a morir para que manden otros iguales o peores, lo cual es totalmente razonable. Además, el verdadero poder de un ejército ya no reside en el número de manos que empuñen las armas, sino en la capacidad destructiva del armamento que posean. Los misiles de largo alcance y las cabezas nucleares son capaces de poner fin a levantamientos militares, invasiones extranjeras o revoluciones obreras desde cientos de kilómetros de distancia, mucho antes de que éstas tan siquiera hayan comenzado.

La digitalización del dinero hace que no sea necesario verter sangre para poner de rodillas a una nación, ya que los embargos económicos son mucho más efectivos. Haz que los rebeldes pasen hambre y éstos no tardarán en regresar a la senda marcada. Las cotizaciones en bolsa de empresas públicas y privadas, la venta de la deuda de las naciones soberanas y la virtualización del dinero en efectivo, permiten sentir la inmediatez del bloqueo económico. Pasar por alto esto es ignorar cómo funciona el juego bélico del siglo XXI.

Más allá del idealismo con el que algunos tratan de ocultar las carencias de su táctica de la ouija político-patriota, lo cierto es que simplemente la gente común se abstiene de apoyarnos, por el hecho de que no abordamos ni proponemos soluciones prácticas y reales a los problemas que surgen en el día a día. Es esencial conectar con los anhelos y esperanzas de aquellos a los que pretendemos ganarnos para la causa. Un discurso humilde y realista nos ayudará a avanzar con paso firme hacia la victoria final, liderando la *Gran Marcha Blanca* que expulsará definitivamente al invasor.

Las personas necesitan saber si cuando lleguemos al poder, seguirán viviendo bajo la protección del estado del bienestar. La sanidad pública, la educación gratuita, las pensiones o la protección del desempleo son conquistas innegociables a las que nadie quiere renunciar. Los patriotas hemos de poder mantenerlas e incluso mejorarlas, ya que una nación sin justicia social es simple y llanamente: un pedazo de tierra sin alma.

A los reaccionarios les gustaría ver pisoteados los derechos de la Clase Trabajadora, aduciendo que: *son cosas de rojos*, por eso a ellos también debemos combatirlos con ahínco y tesón. No hay lugar para los quintacolumnistas empecinadores en la nueva España que pretendemos crear. La patria no es un negocio, tampoco una marca comercial y mucho menos un medio para mantener inamovible el estatus quo socio-económico de los explotadores, de esos contra-revolucionarios que pretenden ocultarse en nuestras filas.

Señalados los fallos y los enemigos, toca buscar soluciones. Lo prioritario sería ayudar a aquellas personas a las que la crisis ha golpeado más duro. Millones de españoles se han ido al paro en los últimos años y lo peor es que esa gran parte de desafortunados compatriotas, ya no recibe prestación alguna. Sumidos en un limbo laboral que los deja en tierra de nadie, son pronto víctimas de los embargos y con ellos, de la exclusión social. Una vez acaban con sus huesos en la calle se encuentran con la cruel realidad: *si eres español nadie te vendrá a ayudar*. Las instituciones públicas les dan con la puerta en las narices, las ong´s les niegan un plato de comida, ya que tienen preferencia los inmigrantes cetrinos. La sociedad aburguesada los mira con cara de asco y desdén al verlos dormir en un cajero o pidiendo limosna en plena calle, siempre y cuando las mafias de gitanos rumanos que campan a sus anchas por nuestras ciudades, así se lo permitan.

La desdicha del lumpemproletariado español no conoce fondo. Gracias a las políticas tecnócratas y deshumanizadoras de la ejecutiva del corrupto y criminal Partido Popular, se les ha privado de sanidad pública pese haber cotizado durante toda su vida, mientras que a los ilegales y supuestos refugiados se les atiende sin problema alguno. No, no estoy exagerando y mucho menos incitando al odio pese al criterio que pueda tener la policía del pensamiento y sus superiores, los fiscales rojos que pueblan el sistema judicial patrio. Hago uso de mi derecho a la libertad de expresión para contar la realidad que vivimos en España. Si tanto les molesta lo que aquí digo, deberían implicarse y hacer algo para cambiar las cosas a mejor, en lugar de estar persiguen y encarcelando a libreros y escritores. Pero vivimos en el paraíso gulag y eso nunca va a suceder. Puedes oír y ver, siempre y cuando te calles la boca. A estos liberticidas les molesta escuchar que la exclusión social avanza entre nuestros compatriotas, esto quiere decir que somos cada vez más pobres.

Curiosamente cuando alguna agrupación patriota trata de mitigar y en algunos casos poner fin a las desdichas que afligen a los españoles más humildes, enseguida sale alguna organización, partido político u ong a poner el grito en el cielo por ello. La endiosada y sectaria visión de los adictos a la propaganda oficialista de este régimen antipatriota, lleva a muchos a creerse ese mantra que nos dice que: *ayudar y ocuparse de los problemas de los autóctonos es el peor crimen del mundo.* Su atrofiado cerebro es incapaz de concebir que en nuestro propio país, tengamos preferencia en ciertas cuestiones. Es puro pragmatismo, uno primero da de comer a sus hijos antes que a los del vecino, ¿verdad? No creo que nadie dejase morir a los suyos de hambre, mientras regala la comida a los desconocidos. ¡Cuidado!, con esto no estoy diciendo que por el mero hecho de ser extranjero, uno deba ser discriminado. Dios, Allah, Yahve, Buda, Odín o Visnú me libren de dar alas a los defensores de tan abominable idea.

Aquellas personas de origen extranjero que trabajen o en su caso hayan trabajado de forma legal, contribuyendo con su esfuerzo al mantenimiento del estado del bienestar, tienen derecho a exigir lo que les pertenece por encima de su nacionalidad. No somos comunistas para privar a los trabajadores de lo que legítimamente tienen derecho a disfrutar. No eres un parásito per se, por ser inmigrante y tampoco un santo por ser español. Prefiero colaborar con gente honrada y trabajadora, aunque no sea blanca ni española, antes que compartir espacio con progres, perroflautas, basura xenófoba y demás hez social, pese a que étnicamente procedamos del mismo lugar.

Un verdadero patriota no lo es solo por su color de piel o lugar de nacimiento, sus acciones son las que lo definen como tal. Si no actúas con honor, decencia y lealtad, por muy rancio abolengo que tenga tu apellido no serás mejor que aquellos que vienen de afuera, para aprovecharse de nuestros servicios sociales. En cambio aunque te llames Mamadú, Ahmed, Wilson José o Liu Xan, si eres una persona honrada, respetuosa de las leyes, consciente de que ésta no es tu tierra y que por lo tanto no puedes imponernos tu cultura, lengua o religión, que Europa es y seguirá siendo un continente mayoritariamente blanco y sobre todo si vienes con ganar de trabajar para integrarte como uno más; solo queda darte la bienvenida y desearte la mejor de las fortunas.

Otra de las tácticas o políticas que nos ayudarían a hacer que los obreros se interesasen por la causa patriota, sería la de participar en las movilizaciones de los trabajadores. No podemos consentir el monopolio sindical que la izquierda más extrema lleva ejerciendo hasta la fecha, en lo concerniente a huelgas y reivindicaciones laborales. En cada fábrica, en el campo, mina o en las cadenas de comida rápida ha de haber uno de los nuestros para asesorar, concienciar y apoyar a aquellos obreros que son víctimas de la explotación capitalista. Con todos los problemas que la crisis ha creado: eres, mini-jobs, sueldos de miseria o fin de la indemnización por despido, se me hace increíble que ningún nacionalista haya salido a canalizar este descontento en nuestro favor.

No conviene tampoco el olvidarnos de apoyar y defender las medidas de conciliación laboral y el fomento de la maternidad. Muchas parejas humildes no tienen hijos o como máximo se animan a tener uno, debido a que ambos miembros se ven obligados a realizar largas y extenuantes jornadas laborales por un sueldo mísero. Si nadie está en casa es imposible cuidar a un vástago y si uno de los dos deja de trabajar o reduce su jornada para hacerlo, no llegarán a fin de mes ya que los gastos con un bebé aumentan exponencialmente, mientras que el dinero disponible se reduce drásticamente.

Es por culpa de la escasa natalidad de los blancos, que estamos siendo sustituidos en nuestra propia tierra. Corregirlo es de vital importancia, de ahí que nuestras propuestas políticas vayan encaminadas a incentivar la maternidad o paternidad mediante complementos salariales. Debemos exigir a las empresas que cumplan su parte del contrato social, eligiendo preferentemente a gente con familia o que planeen procrear en un futuro próximo. Con ello reduciremos el número de solteros treintañeros que se niegan a seguir el orden natural, amparándose en absurdos anglicismos con los que definen y etiquetan su fatuo estilo de vida: singles, milenials,...

Tampoco hay que dejar de lado el factor cultural y educativo en las masas, tan alejadas ellas de hobbies estimulantes en el sentido del crecimiento personal. El sistema necesita un pueblo sumiso y aborregado para seguir perpetuando su tiranía en el tiempo. Si la gente no piensa, no se interesará por cuestionar el por qué de las injusticias que los afligen y esto es de vital importancia para quienes nos gobiernan. Mientras la teoría del pan y circo funcione se encontrarán protegidos y podrán seguir robando a manos llenas. De ahí que únicamente propongan al pueblo para pasar el rato alternativas alienantes que lo adormecen, a la par que rebajan su coeficiente intelectual.

Pese a la epidemia de titulitis que asola Europa, con miles de licenciados incapaces de hacer la o con un canuto y absurdas carreras sin aplicación práctica alguna; cada generación es más tonta e ignorante que la anterior. Yo llamo a este tipo de personas: "*analfabetos funcionales*", ya que únicamente ingieren superficialmente la información que les ayuda a aprobar los exámenes, para luego vomitarla entre botellón y botellón. No termina aquí el proceso de estupidización de los hijos del proletariado, el ocio es un punto clave en la ruta que nos lleva hacia la involución permanente. Música simple de compases primitivos (*regueton, trap, bachata,...*) y bailes depravados, drogas de diseño, cultura del canuto de mariguana, smarphones, videojuegos; todo esfuerzo es poco para apartarlos de otros quehaceres más estimulantes y sanos.

No solo la juventud hace de conejillo de indias en este experimento genético social ideado por la masonería, adultos y ancianos también participan en contra de su propia voluntad. La telebasura es la elección predilecta para pasar el rato. Cotilletos, porno, violencia y argumentos simplescos rellenan la parrilla televisiva durante las veinticuatro horas del día. Si uno enciende la televisión resulta casi imposible escapar de sus catódicos tentáculos idiotizadores. Si eso falla, el sistema aún guarda otra arma de manipulación masiva: el fútbol. Mientras Messi y Cristiano Ronaldo continúen marcando goles, la plebe seguirá desunida. Gritarán, rebuznarán y se pelearán por unos colores que ninguno de los jugadores de su equipo siente.

Ofrecer una alternativa de divertimento plausible para la gente común, debe encontrarse arriba en nuestra lista de prioridades. No me refiero a bombardearles hasta el aburrimiento con monótona música clásica o atarlos a una silla para obligarles a leerse el Quijote, el cual apuesto que no hemos tocado la mayoría. El elitismo cultural es contraproducente a la hora de llevar a la práctica nuestro plan. Si queremos que la Clase Trabajadora se sienta atraída por la lectura, la naturaleza o el activismo socio-político, debemos ir paso a paso para que el cambio no sea tan radical. Hay que asegurarse de ofrecerles unos hobbies acordes con el estilo patriota, atendiendo al sexo y franja de edad a quienes van dirigidos. No está asegurado la efectividad del cambio, pero: ¿acaso podemos hacer otra cosa? Cruzarse de brazos, resignados ante la posibilidad de fracasar, solamente acelerará nuestra caída en desgracia.

No existen varitas mágicas ni elecciones fáciles, que nos ayuden a recorrer el tortuoso camino de la revolución nacionalista. Debemos emprender nuestro viacrucis sabedores de que tarde o temprano nos vamos a caer, pero tened por seguro que si obramos con decisión nos volveremos a levantar. No hay tiempo que perder, los timoratos y pusilánimes que no se atreven a dar la cara han de apartarse, voluntariamente o por la fuerza, para no entorpecer la liberación nacional proletaria que viene de la mano del movimiento patriota. Al marcar el paso con hombría y decisión nuestros enemigos lo oirán a kilómetros y huirán despavoridos, al carecer del valor suficiente para enfrentarse cara a cara al glorioso ejército del pueblo. Cuando los hijos de la patria se unan sin ambages, nadie se atreverá a hacerles frete. Ni la burguesía, los reaccionarios, la izquierda marxista o la masonería podrán hacer nada para tapar nuestra cegadora y brillante luz. La bota patriota aplastará a las sanguijuelas que han estado chupando, impunemente, la sangre a la nación.

La lealtad de la Clase Trabajadora es la llave que nos libertará de los grilletes que nos encadenan a la decadencia. Una vez excarcelados, caminaremos juntos y en hermandad hacia una patria más libre, social y nacional. Con ellos de nuestra parte es imposible perder.

La nación no es una marca con la que hacer negocio

Las dramáticas consecuencias que nos ha dejado la crisis han dado paso a un clima pre-servil, si nos atenemos a las expresiones que utilizan en sus noticieros los diversos medios de masas. Dependiendo del color político que profesen en su camiseta de hooligans informativos, nos dirán que casi estamos a un palmo de llegar a la III Guerra Mundial por las injusticias sociales generadas; en cambio si quien nos habla es pro-gobierno, escucharemos que la recuperación ha llegado gracias a las políticas auestericidas que nos obligan a apretarnos el cinturón cada vez más. España y el resto Europa son un campo de juego en el que se está disputando un cambio de orden, el modelo económico que salga victorioso será quien rija nuestras vidas. No podemos desligarnos de esta conflagración silenciosa, los patriotas tenemos mucho que decir al respecto.

Nuestros dirigentes políticos han vendido a España por parcelas, con sus ciudadanos incluidos, a los fondos buitre de inversión. No me cansaré de repetirlo, para los patriotas como: Rato, Botín, Blesa o Amancio Ortega la única Patria es el dinero. Haciendo un uso malintencionado de los colores nacionales han emprendido una cruzada ideológico-mercantil, para que el populacho luche por los intereses de la casta dominante. No deja de ser curioso que aquellos que más sufren los recortes y atropellos de la crisis, se posicionen del lado de quienes los han generado. Esta paradoja tiene una sencilla explicación: *muchas personas apoyan a un bando u otro, instintivamente, sin cuestionarse ni un ápice la actitud de sus líderes.*

Los poderes fácticos son especialistas en jugar con la visceralidad de la masa. Utilizan el temor y la ansiedad que produce el contrario, para obtener cuantiosos réditos. El miedo es el arma más poderosa de control mental y con un poco de demagogia mediática, puedes lograr que quienes te escuchan actúen como un mismo ente. Esto es muy peligroso ya que cuando un político con pocos escrupulosos se vale del: *"sin mí llegará el caos más absoluto",* para afianzarse en el poder, se pueden cometer los mayores genocidios. El intercambio de favores que se da en la política sigue los compases de una siniestra melodía, que tocan las familias más poderosas del mundo, dando lugar a un baile perfectamente orquestado en el que todos los actores se mueven al unísono. En este drama o más bien tragedia, quienes siempre nos quedamos descolgados del ritmo somos las clases medias y bajas.

Los europeos sufrimos con una fingida sonrisa en el rostro el saqueo de las arcas públicas, los recortes de los servicios sociales, el autoritarismo de los sátrapas que nos gobiernan, la discriminación frente aquellos que vienen de fuera sin ser invitados,... Para que comulguemos sin rechistar con estas ruedas de molino y dependiendo del perfil ideológico imperante, se llenarán la boca con la palabra patriotismo para elevar a justificado martirio por la causa nacional, lo que a todas luces es un espolio público. Nos quieren vender que el deshacerse del control de las empresas públicas, privatizar servicios fundamentales como la sanidad y la educación o anular los derechos del trabajador, harán de España un país mejor. Cualquier crítica a sus políticas privatizadoras, por tenue que sea, hará que consideren a quien las ha realizado como un elemento hostil al que le exigirán la rendición incondicional, si quiere seguir siendo un patriota de hojalata en esta España cada vez más famélica. Tratan de imponernos sus ideas nacional-mercantilistas a la fuerza, valiéndose de la ley para reprimir la crítica de aquellos que sí amamos de verdad a la tierra que nos vio nacer.

No creáis que se ocultan a la hora de cometer sus fechorías, no nos tienen miedo, ya que saben que cuentan con el respaldo de sus inmensas fortunas. Proclaman que es mejor que seamos desiguales para que el Estado de Derecho funcione correctamente. En la despiadada selva de la codicia que han deforestado, la compasión y la empatía con el prójimo suponen un pesado lastre en la carrera hacia la cúspide económica. No existen interlocutores válidos que medien entre los ricos y el resto, hasta los sindicatos de la izquierda caviar se sienten cómodos en este injusto sistema. Esto hace que opciones populistas y totalitarias, de clara tendencia marxista, irrumpan con fuerza en la escena político-social. Y es que parece que no aprendemos de la historia, los estragos que generaron en el pasado el fanatismo de la izquierda bolchevique y la desidia de la derecha ultra-capitalista, nos vuelven a conducir al abismo guerracivilista que tanto daño nos causó.

Queda claro que el modelo de Patria de los poderes económicos *(fácticos)*, es el mismo que quieren las empresas del IBEX35, las cuales mantienen sus filiales en paraísos fiscales para ahorrarse pagar a la hacienda española. Aman tanto al país que con sus trucos fiscales han logran evadir 59.000 millones de euros anuales, que podrían ser utilizados para mejorar la educación, la sanidad, las pensiones,... Parece que eso no le preocupa a estos emprendedores, ellos prefieren tener más dinero apolillándose en la cámara acorazada de un banco de una isla bananera, antes que contribuir a mejorar el bienestar de sus compatriotas.

Al Estado tampoco parece importarle que sus conciudadanos más pudientes evadan impuestos y así lo demuestra la opacidad reinante en torno a la última amnistía fiscal, de la ejecutiva del gobierno del Partido Popular (*recordad que en tiempos del PSOE de Zapatero se realizó otra, aunque de menor calado*). No quieren que sepamos a que personajes se les ha perdona los crímenes económicos cometidos, no vaya a ser que el pueblo se entere de la cuestionable catadura moral de sus políticos, realeza, deportistas, banqueros,...

Las decisiones que toman aquellos que están al mando, demuestran para quién y para qué gobiernan. Nuestros politicastros se amoldan a la codicia de las empresas, ignorando el bienestar de las personas. A estos cuatreros no les importa que España permanezca unida o que Europa recupere los valores identitarios que la hicieron fuerte en el pasado. Confunden de manera deliberada la defensa de los intereses privados, valiéndose de los mecanismos del estado, con el amor a la nación. La utilización interesada de los resortes de la nación obedece a un único y muy claro propósito: *aprovecharse de las posibilidades de negocio que éstos puedan brindar.*

El clientelismo político ha propiciado que muchos obreros consideren al estado como a su mayor enemigo y por eso lo odian, o como mínimo desconfían de él. Es imposible que puedan sentir que forman parte de un proyecto que los deja fuera en todo momento. La desconfianza de los obreros hacia el gobierno no es fingida ni exagerada, son conscientes de que para el estado los intereses de la clase dominante, están por encima de los del resto. Es evidente que todas las medidas antisociales que se toman, buscando sacar el máximo beneficio con el mínimo coste, sirven para asegurar la continuidad de este sistema depredador que se alimenta de los más débiles. El problema social y nacional que genera tanta rapacidad económica, lleva a los obreros nacionales oprimidos a creer que: *"sin patria serían mucho más libres"*. Algunos oportunistas se valen de la absoluta carencia de empatía de los capitalistas, para responsabilizar al país de todos los males. Culpan a la nación de las decisiones tomadas por personas concretas, a sabiendas de que la patria es más un concepto amoroso o de lealtad, que un ente tangible. Los defensores de un argumento tan falaz pueden militar en los más diversos frentes: desde el comunista, pasando por el liberal, hasta terminar en el anarco-capitalismo *(libre mercado total)*.

Las directivas europeas que emanan de Bruselas y son de obligado cumplimiento, surgen de las necesidades temporales de los mercados. Este cortoplacismo político nos lleva a que lo que hoy cotiza al alza, mañana valga menos que una hoja reseca, si así lo deciden los crupieres de las bolsas internacionales. Es imposible mantener una estabilidad económica, si corres el riesgo constante de que se desvalorice toda tu fuerza productiva. Si por ejemplo, alguien desde la bolsa de Wall Street decide que aquel producto que exportas ha de ver rebajado su precio de venta, sea manufacturado o de extracción, las previsiones de pérdidas o ganancias se verán totalmente trastocadas. Con esto se aseguran de que en un futuro podrán especular con el material, cuando los precios de mercado vuelvan a cotizar al alza.

Los trabajadores se encuentran indefensos ante la pérdida de soberanía de sus respectivas naciones. No saben en qué momento el lugar en el que trabajan irá a la quiebra o si será externalizado para ahorrar costes. Este asunto siempre ha preocupado a los movimientos nacionalistas ya que nuestro deber principal, junto con el de la defensa de la patria, es el de asegurar que el pueblo tenga una vida digna.

Los obreros pueden nacer, trabajar y morir en diferentes clases sociales, pero si algo nos une a todos es que: *nadie puede cambiar el hecho de haber nacido en una misma tierra*. Esta explicación del nexo existente entre nación y sociedad, el cual conforma nuestra identidad de una manera existencial pero también adquirida, ha de ser el punto de partida desde el cual comencemos a ordenar las prioridades que todo gobierno de carácter identitario debería tener. Aunque hablemos diferentes lenguajes, en función de nuestra capacidad productiva *(fuerza-trabajo)*, la conciencia de hermandad patriótica ha de prevalecer por encima de todo. Pensar que un albañil, minero o pescador es prescindible por el mero hecho de que su fuerza-trabajo hable el lenguaje de las manos encalladas, el sudor, el del cemento y ladrillo, el de la salina espuma del mar salpicando un ajado rostro; demuestra un absoluto y total desconocimiento de cómo se logra fraguar una patria común, a base de lograr encajar a todos sus miembros en el proyecto.

Como enemigo declarado que soy de la enfermedad de la *titulitis universitaria,* origen de una generación preparada para no saber hacer nada realmente útil, considero que la labor de un agricultor es mucho más digna que la actividad usurera y desestabilizadora, que realizan los magos de la economía bursátil. No deja de sacarme una sarcástica sonrisa el escuchar que: *gente como Amancio Ortega está donde está por su duro trabajo y que encima comenzó de cero cosiendo él mismo los batines en un sótano.* Con este argumento nos tratan de vender que cualquier persona puede llegar a hacerse multimillonaria saliendo de la nada y que aquellos que no lo han conseguido, es porque son unos vagos e inútiles mentales que no saben innovar. Tan solo un necio o un admirador de regímenes antisociales *(marxismo-ultra liberalismo)*, puede llegar a creerse tal falacia.

Para algunos la conciencia nacional es algo innato, otros la adquieren con el tiempo y existe un tercer tipo de sujetos que tratan de comprarla, para así deformarla a su antojo. Los defensores de la idea de que la patria ha de servir de marca comercial con la que llegar a hacer negocio, argumentan que todo tiene un precio, incluidos los sentimientos. No les importa apoderarse en su propio beneficio de algo que es de todos, como la idea nacional. Es decir, quieren cuartear el núcleo de conexión y atomizar la conciencia nacional para desvirtuarla. Estos mercaderes sin escrúpulos son conscientes de que el sentimiento original de *"pertenencia a"*, es una marca muy potente con la que hacer fortuna. Indistintamente del marco racial o de clase que se evalué todos tienen desarrollado, en mayor o menor medida, una especie de ligación con el terruño patrio. Los elementos naturales e intrínsecos de dicha pasión: solidaridad colectiva, étnica y conciencia de grupo, son dejados a un lado por su escasa productividad. La comercialización de la conciencia nacional es posible, porque habitamos en una época en la que el capitalismo ha alcanzado un estadio superior.

Lo que en este apartado os describo no obedece a ningún tipo de generalización, tampoco busco fomentar el prototipo del *"rico usurero"*. Eso sí, mucho menos me creo la propaganda mediática de tintes liberales o marxistas que nos habla del: *"buen burgués"* o del *"buen salvaje"*. Mi prosa es fruto de un pensamiento razonado, al haber estudiado y evaluado el nocivo efecto que produce la liberalización del patriotismo. Es la burguesía política, la patronal o el empresariado los que con sus decisiones políticas, sociales y económicas han terminado por monetizar el valor de la palabra Patria. Lo peor es que muchas veces estos emponzoñadores enarbolan engañosamente la bandera nacional, aprovechándose del resurgimiento del marxismo en Europa.

No se conforman con robar la plusvalía del obrero, con el que cohabitan bajo la misma bandera, sino que encima usurpan el sentir nacionalista.

Espero que tras leerme os estéis cuestionando el criterio que teníais hasta ahora sobre: la noción de patria, la conciencia nacional, la nociva influencia mercantil en nuestra ideología,… Es lógico que tengáis dudas al respecto, pocos autores identitarios se han atrevido a hablar claramente sobre ello. Algunos viven muy cómodos con la simbiosis existente entre: iglesia, políticos y empresariado, pero ese no es mi caso.

Este engaño burgués ha durado ya demasiado tiempo. La cosificación mercantil de la nación perpetúa la explotación de nuestros hermanos, por parte de la élite dirigente. Tened claro que marxismo y capitalismo desnaturalizan el ideal nacional en su propio beneficio. Caer en el bipartidismo ideológico es seguirles el juego, ya que ambos son enemigos de la Patria.

El marxismo es el ideal de la anti-patria

Como capítulo final de mi obra me gustaría alertar a mis lectores, de manera escueta, de los peligros que supone la vuelta a la vida política de la peste roja. Pensándolo bien, nunca han llegado a irse del todo. El comunismo representa la inmovilidad del ser humano, frente al dinamismo de la ideología patriota. Los teóricos socialistas siempre han defendido la necesidad de detener la revolución nacionalista, a base de adormecer e idiotizar las mentes del proletariado. Con la propaganda incesante animando a la masa a dejar de lado las tradiciones, fomentando las concentraciones de la juventud para que realicen botellones, las asambleas perroflauticas en las que se cuestiona la existencia de la nación, imponiendo estilos de vida contraproducentes como el veganismo, predicando un ecologismo anti-humano o las llamadas a las "*Ofensivas Revolucionarias*" en cualquier terreno; consiguen destruir centenarias patrias. Cuando se apaga *"el fervor revolucionario"* en el pueblo, la inmovilidad conduce a la muerte.

El comunismo suele apoderarse primero de un sector en concreto, que le sirve de base para poder expandirse por los demás ámbitos *(políticos, económicos y sociales).* Si de algo saben los marxistas es de crear guerrillas y organizaciones subversivas contra el orden establecido. Es obligación de todo patriota que sienta una pizca de amor por su tierra, el combatirlos hasta la extenuación. La tradición oral nos enseña que: "*muerto el perro se acabó la rabia*". Al extirpar el germen marxista de la sociedad, la desviación progresista tenderá también a desaparecer con el tiempo. No deben tener cabida en ningún espacio público, para que así no puedan llevar a cabo su perniciosa tarea propagandística. Creando un cordón sanitario entre ellos y el pueblo, lograremos evitar que sus consignas de odio lleguen a calar en nadie.

Las tiranías se sostienen gracias al terror que producen en aquellos que mantienen subyugados, como muestra tenemos: la URSS de Stalin, la Yugoslavia de Tito, la China de Mao o la República Española de Negrín. Los comunistas no entienden eso de la "vía pacífica" y mucho menos de la alternancia en el poder. La ausencia de libertades suele ser total en las patrias socialistas, el totalitarismo es la única vía que emplean para llevar a cabo sus revoluciones. Las leyes se hacen a medida del tirano de turno y la justicia se amolda a los criterios de la ideología dominante. Bajo su mandato el pueblo sufre una agonía espantosa, el aparato político comunista es una máquina de matar, censurar y socavar la libertad de los incautos que osen pensar diferente. Da igual que el régimen esté o no consolidado, en el momento que rozan con la punta de los dedos algo de poder, da comienzo una oleada represiva destinada a sacarse a los disidentes de encima. Para lograr que su brutal dictadura pueda subsistir sin levantamientos populares, se valen del genocidio permanente. Tienen una necesidad constante de aniquilar física y espiritualmente a su población. Encarcelando y exiliando a las familias de los posibles disidentes, también logran silenciar las voces discordantes.

Hay que actuar antes de que se hagan fuertes y se atrincheren en las instituciones públicas, que son de todos. Impidiendo que logren la unidad monolítica que tanto ansían, lograremos que el sistema de terror que quieren implantar llegue a consolidarse. Los patriotas han de dejar a un lado los pensamientos hedonistas sobre cargos y presidencias, y centrarse en lo que verdaderamente importa: el fin del comunismo. Fabricar disidentes ficticios que supuestamente dan la cara por la causa, pero que luego están subvencionados por los reaccionarios derechistas, a la larga puede resultarnos contraproducente.

Hay que llegar con nuestro discurso a las entrañas del pueblo y tratar de que tome conciencia de que contra el marxismo no funciona la indiferencia. Haciendo coincidir los intereses del movimiento patriota con los de la gente normal y corriente, forjaremos el destino común de la patria de una forma digna. Sin ese diálogo y ese hermanamiento obligatorio no contaremos con el dinamismo y las energías suficientes, para rechazar las ambiciones personales de aquellos que nos quieren oprimir.

La falta de ganas a la hora de luchar perpetúa en el poder a nuestros enemigos. El pactar o ser buenistas con los marxistas conlleva la desmembración de la nación. Acción y más acción son la clave. Ni en la grieta más pequeña deben tener cobijo los enemigos de la patria. Esta lucha nos concierne a todos.

Gracias a…

A mi mujer, la cual siempre me ha apoyado en todos los proyectos que realizo, pese a la persecución que sufrimos aquellos que osamos pensar diferente.

A mi hijo José y a mi sobrino Francisco, es por ellos que trato de conseguir una España mejor para los niños blancos del mañana.

A mis padres y hermanas, por no haber cedido ante la presión pública al ser etiquetados de: "la familia de un malvado escritor nazi".

En definitiva, gracias a todas esas personas que os mantenéis al pie del cañón en la lucha por Europa y por la raza, sin importar las consecuencias que esto os pueda acarrear. Vosotros sois gente digna, vosotros sois los verdaderos patriotas.

Pase lo que pase, nos seguiremos leyendo....

ÍNDICE

OTRAS OBRAS DEL AUTOR

AENIGMA IUDAICUM
(De Mesopotamia a la Tierra Prometida)

J. Carlos da Costa

AENIGMA IUDAICUM

(de Mesopotamia a la Tierra Prometida)

A lo largo de la historia, ríos de tinta han corrido respecto a la cuestión judía. Son numerosos sus detractores, pero también sus defensores. Cuando se toca la cuestión judía no hay lugar para medias tintas o para plumas pusilánimes: *o los amas o los desprecias*. Nunca nadie había conseguido generar tal cantidad de sentimientos encontrados: "*incluso en sus mayores defectos, el judío puede ocultar alguna de sus mayores virtudes*". Al evaluar la actuación de la problemática judía a lo largo de la historia, se puede observar como esta abarca diferentes conceptos: políticos, sociales, económicos, religiosos e históricos. Por ello, la cuestión judía debe ser considerada desde una perspectiva histórica, sociológica y teológica, ya que en la actualidad todavía surgen dudas acerca de quién o qué es ser judío.

La Verdad Incómoda

J. Carlos da Costa

LA VERDAD INCÓMODA

La verdad natural de las cosas, es la principal enemiga del ser humano. Siempre han existido un tipo específico de hombres y mujeres, a los que la certeza les resulta cuanto menos incómoda. En la era del engaño, el más falso y tramposo termina gobernando sobre el resto. La verdad oficial al gusto del consumidor, siempre se podrá prefabricar. Los censores del pensamiento saben que cuando se libren del último pensador políticamente incorrecto, habrán terminado de ganarle la partida a la verdad. Nos jugamos mucho como para claudicar sin dar pelea, la inacción o el silencio cómplice no nos favorece.

Con "la Verdad Incómoda" quiero ir un paso más allá, aunque la policía del régimen no me lo tenga permitido. Si ya con mi obra: "Pensamiento Hereje", establecí las bases para crear una opción disidente fuerte, en este libro trataré de afianzar los pilares que sostendrán el techo de la casa de la ideología identitaria.

EL PODER DE LA SANGRE: EL DESPERTAR

"En un mundo desolado por el caos y la destrucción, por guerras inmensurables, con una sociedad decrépita y unos dirigentes corruptos, un solitario cazador es llamado a ser el adalid de una nueva era. Una aventura épica repleta de batallas y magia, en la que se confunden el bien y el mal y el orden impuesto se ve trastocado por la afilada hacha de Kerron, el Cazador, y la búsqueda de su propio destino"

El Poder de la Sangre:
" Resurrección "

J. Carlos da Costa

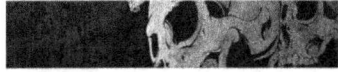

EL PODER DE LA SANGRE: RESURRECCIÓN

"El Día de la Resurrección ha llegado. Los no muertos arrasan el territorio de Uldarsteir, al norte de Keltnar, guiados por el macabro Profeta de Nolt. La plaga creada por Zeildoux no conoce el miedo, ni el cansancio. Sin alma, vida, ni conciencia; los resucitados se lanzan al combate desatando la carnicería.

En el sur, la situación no es mucho mejor. La guerra asola campos y ciudades sin hacer distinción. Las tropas imperiales del Dras avanzan, sin oposición, hacia el valle de Helbon. El acero tuarnak riega las tierras conquistadas, con la sangre alba de los caídos en combate. Batallas tras batalla, los ejércitos de Cronfort caen derrotados en una lucha sin cuartel, en la que el perdedor será exterminado.

Mientras tanto, Gorben y Kerron continúan sus vivencias por separado, sin saber que el destino los conduce hacia un mismo lugar"

"PENSAMIENTO HEREJE"

J. Carlos da Costa

PENSAMIENTO HEREJE

¿Qué significa "Pensamiento Hereje"? Es muy sencillo: pensamiento hereje es tratar de alcanzar la verdad, pensamiento hereje es cuestionarse los dogmas sociales que nos quieren imponer, pensamiento hereje significa hablar claro, sin temor a represalias; en definitiva, pensamiento hereje es ser: "políticamente incorrectos".

LOBOS ENJAULADOS

(Diario de un Condenado)

En los Estados Unidos de América del siglo XXI, los blancos hemos pasado a ser los nuevos negros. Lo más indignante es que a los Señores X como yo, nos obligan a conformarnos con las sobras que nos lanzan, ni siquiera nos permiten defender lo poco que tenemos. Por desgracia formo parte de esos millones de "White Trash" a los que nuestro gobierno pone en el último lugar, a la hora de acceder a los puestos de la administración o recibir la limosna pública.

"Basura Blanca" nos llaman, os imagináis la que se formaría en las calles si en las noticias se refirieran a los afroamericanos como: "basura negra". Estad tranquilos, eso nunca pasará, no se atreverían a hacerlo.

No me llamo "Señor X", mi nombre real es Jos August Calú y ésta es mi historia.

Sobre el autor:

Español de nacimiento, mozambiqueño y portugués de sangre, una mezcla curiosa para un escritor en castellano. Nacido en Ponferrada (el Bierzo) en 1985. Antiguo estudiante de la carrera de Educación Social y activista político en pro de la causa White Afrikáner, actualmente trabaja en varios proyectos literarios, mientras los compagina con su radio/programa online: *"La Hora Blanca"*.

Escritor de relatos, textos políticos, conferenciante de charlas online sobre la causa White Afrikáner y presentador en sus ratos libres de un radio/programa identitario; *"PATRIOTISMO O BARBARIE: Nacional-Revolucionarios del siglo XXI "* representa su regreso como ensayista político.

Sin miedo a la represión, alzando la voz contra la censura, con este libro rinde honores a la Patria y a todos los que lucharon por ella.

Blog: www.el-poderdelasangre.blogspot.com.es

Twitter: @Zeildoux

Email: elpoderdelasangre@hotmail.com

www.ingramcontent.com/pod-product-compliance
Lightning Source LLC
Chambersburg PA
CBHW070150290526
45789CB00002B/710